JILPT 第3期プロジェクト研究シリーズ *No.5*

現代先進諸国の
労使関係システム

労働政策研究・研修機構 編

ま え が き

　現代日本においては、労働法制上は労働組合が使用者ないし使用者団体と締結する労働協約が使用者の定める就業規則に優越する法規範として位置づけられているにもかかわらず、企業別組合中心の労働社会においてその存在感は希薄であり、過半数組合ないし過半数代表者の意見を聴取するとはいえ使用者の一方的決定による就業規則が法規範の中心的存在となっている。例えば、菅野和夫『新・雇用社会の法』においても、就業規則を「雇用関係の基本的規範」と呼んでおり、規範としての労働協約の影は極めて薄い。

　これに対し、欧州諸国では全国レベルや産業レベルで労働組合と使用者団体との間で締結される労働協約が国家法と企業レベルを媒介する重要な法規範として労働社会を規制しており、その位置付けは極めて高いものがあるといわれている。その典型的な諸国としては、ドイツ、フランスおよびスウェーデンが挙げられる。こうしたマクロ社会的な労使の自治規範がほとんど存在しない日本においては、ミクロな企業レベルを超える問題は直ちに国家法の問題となるため、例えば労働時間問題などにおいても、過度に法律政策に依存したものになりがちとの指摘もある。

　もっとも近年は、これら諸国においても事業所協定や企業協約への分権化の傾向が指摘されており、産業別協約がどの程度規範としての力を保持しているのか、関心を呼んでいるところである。

　そこで、労働政策研究・研修機構においては、第3期のプロジェクト研究「労使関係を中心とした労働条件決定システムに関する調査研究」の中で、伝統的に産業レベルでの労働協約を中心とする労働条件決定システムが形成されてきた欧州諸国、具体的にはドイツ、フランスおよびスウェーデンを対象として、現代先進諸国における規範設定に係る集団的労使関係の在り方を調査研究してきた。具体的には、国、産業レベルの団体交渉、労働協約とその拡張適用、企業や事業所レベルにおける労働組合ないし従

業員代表機関との協議交渉や協定等について、実証的かつ包括的に調査研究し、これからの日本の労働社会の在り方に関するマクロ的議論の素材とすることを目指したものである。

　本書は、これまで累次の報告書で明らかにしてきたこれら3ヵ国における労働協約システムの現状と、同システムに基づく規範設定（労働条件決定）の実態、さらに労使関係システムに係る法政策の展開の姿を、一般読者向けにできる限り分かりやすく概説したものである。本書が多くの人々に活用され、今後の労働法政策にかかわる政策論議に役立てば幸いである。

　2017年12月

独立行政法人　労働政策研究・研修機構

理事長　菅野　和夫

目　　次

まえがき

目　次

序　章　団結と参加—労使関係システムの諸類型— ・・・・・・・・・・・・・・・・・・・5

濱口　桂一郎

第1節　集団的労使関係法政策の諸類型・・・・・・・・・・・・・・・・・・・・・・・5

第2節　「団結」型集団的労使関係法制

　　　　—労働組合・労働協約立法・・・・・・・・・・・・・・・・・・・・・・・7

第3節　「参加」型集団的労使関係法制

　　　　—労働者代表・労使協議法制・・・・・・・・・・・・・・・・・・・26

第1章　ドイツ—第三次メルケル政権下における

　　　　集団的労使関係法政策— ・・・・・・・・・・・・・・・・・・・・・・・33

山本　陽大

第1節　はじめに・・33

第2節　集団的労使関係システムの基本構造・・・・・・・・・・・・・・・・35

第3節　1990年以降における変容・・・・・・・・・・・・・・・・・・・・・・・・・40

第4節　2014年協約自治強化法・・・・・・・・・・・・・・・・・・・・・・・・・・・45

第5節　2015年協約単一法・・・・・・・・・・・・・・・・・・・・・・・・・・・・・・53

第6節　2016年労働者派遣法改正・・・・・・・・・・・・・・・・・・・・・・・・57

第7節　第四次産業革命と集団的労使関係システム・・・・・・・・・・61

第8節　おわりに・・・・・・・・・・・・・・・・・・・・・・・・・・・・・・・・・・・・・・・68

第2章　フランス—労働協約システムの歴史的形成と現代的展開— ・・・81

細川　良

第1節　はじめに・・81

第2節　フランスの労働協約システム—その形成過程・・・・・・・・82

第3節　フランスにおける集団的規範設定システムの現代的展開
　　　　　　―1980年代以降の改革‥‥‥‥‥‥‥‥‥‥‥‥‥‥‥‥‥98
　　第4節　おわりに―2016年法改革とその可能性‥‥‥‥‥‥‥‥113

第3章　スウェーデン　企業内の労使交渉を重視した労使関係
　　　　　　　　　　―スウェーデンの賃金交渉を素材に―‥‥‥‥125
　　　　　　　　　　　　　　　　　　　　　　　　　　　　西村　　純
　　第1節　はじめに‥‥‥‥‥‥‥‥‥‥‥‥‥‥‥‥‥‥‥‥‥‥125
　　第2節　労使関係の概観‥‥‥‥‥‥‥‥‥‥‥‥‥‥‥‥‥‥126
　　第3節　ブルーカラーの産業別協約‥‥‥‥‥‥‥‥‥‥‥‥‥137
　　第4節　企業における賃金交渉（ブルーカラー）‥‥‥‥‥‥145
　　第5節　企業における賃金交渉（ホワイトカラー）‥‥‥‥162
　　第6節　組合の交渉力担保にかかわる取り組み（労使当事者の
　　　　　　労働移動への関与）‥‥‥‥‥‥‥‥‥‥‥‥‥‥‥‥172
　　第7節　おわりに‥‥‥‥‥‥‥‥‥‥‥‥‥‥‥‥‥‥‥‥‥‥185

付　録‥‥‥‥‥‥‥‥‥‥‥‥‥‥‥‥‥‥‥‥‥‥‥‥‥‥‥‥‥198
執筆者略歴‥‥‥‥‥‥‥‥‥‥‥‥‥‥‥‥‥‥‥‥‥‥‥‥‥‥206

序 章	団結と参加
	−労使関係システムの諸類型−

濱口　桂一郎

第1節　集団的労使関係法政策の諸類型

　はじめに、世界各国の集団的労使関係法政策の歴史的推移を踏まえて、その諸類型について簡単な概念整理をしておく。

　まず大きく見れば、労働者の利益の集団性に着目して、労働者の集団的組織や集団的活動を否認／是認／促進するという軸がある。これらを否認するほど労使関係をもっぱら個別的な関係として認識しようとし、是認／促進するほど労使関係をもっぱら集団的な関係として認識しようとすることになる。

　しかしながら、集団性否認の方向においても、集団性是認／促進の方向においても、その理念的方向性は大きく2つの類型に分けられる。

　集団性否認の方向においては、市場型個別労使関係モデルと国家型個別労使関係モデルの2つがある。前者は、労使関係を労働市場における労働力販売者と労働力購買者の個別取引関係に帰着させる。このようなモデルにおいては、労働者の集団的組織や集団的活動は労働力の市場取引を歪曲しようとするカルテルにほかならない。これはイギリスやアメリカのようなアングロサクソン諸国において一般的な思想であり、それゆえこれら諸国における集団的労使関係法制は、労働者の「談合」である「団結」を禁止する立法の解除という形で行われてきた。そして今日においても、労使関係システムをめぐる主たる争点は、団結否定の市場モデルと「団結」モデルの間で闘われている。後述の「参加」モデルはとりわけアメリカにおけるように「団結」に反するものとして労働組合側から否定される。

　集団性否認の二つ目は、労使関係を国家という大きな組織集団における管理者と実行者の個別指揮命令関係に帰着させる。このようなモデルにおい

5

ては、その中に局部的に設けられる労働者の集団的組織や集団的活動は国家全体の労働編成を歪曲しようとする反逆行為とみなされる。これはスターリン型社会主義体制において極限まで達したが、初期ソビエトや初期中国、とりわけ旧ユーゴスラビアにおいては、労働者の集団的組織を職場における経営管理への「参加」の手段として活用するという方向性が見られた。この意味で、社会主義諸国における労使関係モデルは、参加否定の国家モデルと「参加」モデルの間で推移したと言える。

　集団性是認／促進の方向においても、「団結」型集団的労使関係モデルと「参加」型集団的労使関係モデルという2つの方向性がある。前者は労働市場における労働力販売者と労働力購買者の関係を、個別取引ではなく集団的取引として行おうとするものであり、「市場の民主化」モデルと言える。アングロサクソン諸国はもっぱらこのモデルに立脚している。これに対し、後者は企業という組織体における労働編成を管理者と実行者の集団的協議の中で決定しようとするものであり、「組織の民主化」モデルと言える。旧ユーゴスラビアはもっぱらこのモデルに立脚していた。しかしながら、この二つの方向性は対立する面もあるが、とりわけ大陸ヨーロッパ諸国においては両者を適宜組み合わせる形で法政策が進められてきた。その在り方として、大きく3つないしそれ以上の類型がある。

　第一の団結－参加組み合わせモデルはドイツ方式である。ドイツでは、企業を超える産業レベルにおいて「団結」型労働者集団である労働組合を構築し、賃金・労働時間等の労働条件を集団的取引として行う一方、企業レベルにおいて「参加」型労働者集団である事業所委員会を構築し、職場における意思決定に関与するとともにさまざまな調整を行う。「団結」を担う集団と「参加」を担う集団をその存在レベルにおいて明確に峻別するのがその特徴である。

　第二の団結－参加組み合わせモデルはフランス方式である。フランスでは、企業を超える産業レベルに「団結」型の労働組合、企業レベルに「参加」型の企業委員会および被用者代表を構築する点ではドイツと共通するが、さらに企業レベルにも「団結」型の労働組合を構築し、企業レベルで集団的取引を行わせる点に特徴がある。「団結」を担う集団と「参加」を担

う集団を一応区別しながら、その存在レベルが重なり合うことにより、両者が入り交じっている。

第三の団結－参加組み合わせモデルはスウェーデン方式である。スウェーデンでは、企業を超える産業レベル（むしろ全国レベル）においても、企業レベルにおいても、労働組合のみが労働者集団として組織され活動する。すなわち、労働組合が（全国および）産業レベルおよび企業レベルにおいて「団結」型集団として集団的取引を行うとともに、企業レベルでは「参加」型集団として意思決定に関与するのである。なお、このモデルでは、全国・産業レベルでも政策決定への労働組合の「参加」が顕著であり、この点に着目すると政治学でいうコーポラティズムとなる。

なお、ドイツ方式の変形として、労働組合とは別に「参加」型集団の全国組織たる労働者会議所を有するオーストリアがあり、これもコーポラティズムの一類型である。

本書は、団結－参加組み合わせモデルの典型たる3ヵ国、ドイツ、フランス、スウェーデンについて、その労使関係システムの実態と法政策の展開を、とりわけ労働に関わる規範設定という観点から詳細に調査分析した結果を取りまとめるものであるが、以下序章においてはその前提知識として、欧米諸国を中心とした労使関係法制の展開を概観しておきたい。これは労働政策レポートNo.10『団結と参加－労使関係法政策の近現代史』（2013年）の叙述を縮約したものである。

第2節　「団結」型集団的労使関係法制 －労働組合・労働協約立法

「団結」型集団的労使関係法制の歴史は大まかにいって、団結禁止からその消極的容認へ、さらに積極的承認へと進んでいくが、各国の産業化の進展度合によってその展開は時間差をもって進んでいく。またその中で、各国特有の経路を進んでいくことにより、集団的労使関係は労働法中最も多様性に満ちた領域になっていく。

1 団結禁止の時代

　団結に関わる立法の先頭を行くのは産業化の旗艦国イギリスである。18世紀に各産業ごとに繰り返し団結禁止立法が制定されたが、1799年および1800年の団結禁止法がそれらを集約した。同法はあらゆる産業および職業について、賃金の増額や労働時間の短縮、労働量の削減、他の労働者の採用の阻止妨害、事業の管理運営に対する規制干渉などを目的とする職人の契約、協定をすべて違法かつ無効とし、さらにこうした団体への参画や雇入れの阻止、労務から去ることの説得・脅迫、共に働くことの拒否なども禁止した。形式的には雇用主の団結も禁じられたが処罰事例はなく、雇用主に絶大な権力を与えるものであった。もっとも、労働者の団結は全面的に禁止されたが、1793年のローズ法で認められた友愛組合（労働者の自主的共済組合）の形をとって事実上団結が維持された。

　フランスではフランス革命期の1791年にダラルド法がギルドを廃止した後、同年のル・シャプリエ法が労働者の団結を禁止した。これは、すべての市民に労働の機会を与えるために、個人的自由を脅かすような団体交渉を目的とする労働者の団結を禁止しようとしたものであり、中間団体排除の思想に基づくものである。その後ナポレオン治下の1810年の刑法典に団結処罰規定が盛り込まれた。これも形式的には労使双方の団結を禁止するものであったが、実際にはもっぱら労働者の団結を禁圧するものであった。七月王政期には互助組合が広がり、ストライキや暴動を起こしたため、1834年の結社法で20人以下のすべての結社と集会も禁止された。

　ナポレオンの欧州征服により、これらル・シャプリエ法やフランス刑法はベルギー、オランダ、イタリア、ドイツ西部（ラインラント）に拡大された。それ以外のドイツ諸邦でも、ザクセン（1791年）、プロイセン（1794年）、バイエルン（1809年）と団結を抑圧する法律が作られた。その後ドイツ統一に向かう中で1845年に制定されたプロイセン一般営業法は、フランス法に倣った団結の禁止とともに、治安対策の観点から集会・結社の制限、無断休業の禁止という三重の抑圧体制を構築した。オーストリアでも1803年の刑法が職人組合の結成を犯罪とし、メッテルニヒ支配下の1844年には友愛協会の設立も禁止された。イタリアでも、統一イタリア刑

法に受け継がれた1839年サルデーニャ刑法で一切の組織の結成が当局の許可制とされた。なおデンマークでも1800年の命令が団結を禁止しているが、他の北欧諸国に団結禁止法は見られない。

アメリカでは団結禁止法は制定されなかったが、コモンローの下でまず刑事共謀の法理が、次いで民事共謀の法理が労働者の団結に適用され、19世紀を通じて労働運動に打撃を与えた。とりわけ労働組合を抑圧するために用いられたのが労働差止命令で、その根拠として発動されたのが1890年の反トラスト法（シャーマン法）であった。

日本では1900年に治安警察法が制定され、団結そのものは禁止しないとはいえ、団体交渉や同盟罷業の目的で誘惑煽動すること等を刑罰をもって禁止し、事実上労働運動を壊滅させた。中国では清朝時代から北京政府（袁世凱）時代に、新刑律で労働組合や労働争議を禁圧した。

2 消極的容認への移行

団結禁止の緩和は段階的に進んだ。イギリスでは労働者による機械打ち壊し（ラダイト運動）が広がる中、フランシス・プレイスとジョゼフ・ヒュームの奔走により1824年に団結禁止法廃止法が成立し、賃金・労働時間に限らず広汎な目的での団結に対し大幅に刑事・民事免責を認めた。興味深いのはその思想的基盤がベンサム流のレッセ・フェールであり、団結禁止法を廃止することで理性ある労働者は争議をしなくなると考えていたことである。ところがその直後イギリス全国で一斉に労働争議が勃発し、これに直面した資本家たちの要求により、翌1825年に再度立法がなされた。この1825年法は、容認される団結の範囲を賃金・労働時間についてのみかつ個人の自由意思に一切干渉や妨害がない場合にのみ狭めた。これにより労働組合の存在自体は否定されず拡大発展していくことになるが、それが何らかの行動に出た途端に違法として摘発されるという事態が繰り返された。その際主として用いられたのはコモンロー上の共謀法理と主従法であった。主従法は労働者の雇用契約違反（労働者個人の労務放棄）に対し刑罰を科することで労働争議を抑圧した。また共謀法理は友愛組合にも適用され、組合基金の保護が失われたため、各地の労働組合は労働評議会（ジャンタ）を形

成し、議会活動を進めた。その過程で1868年労働組合会議（TUC）が開かれ、ナショナルセンターに発展していく。

　フランスでは1848年の二月革命でいったん団結権を認めたが、その後権力を握ったルイ・ナポレオンが1849年法で再び団結を禁止した。しかし皇帝となったナポレオン3世は徐々に自由主義的になり、1862年ロンドン万国博に労働者代表団を派遣し、1864年には刑法の団結の罪を廃止し、労働の自由への侵害罪に代えた。ル・シャプリエ法は維持されたため団結自由は完全ではなかったが、これ以後労働者組合会議所が多数結成された。

　ドイツでは、1848年の三月革命は挫折したが、1850年プロイセン憲法が集会・結社の自由を認め、1869年の北ドイツ連邦営業法が団結自由を宣言した。団結強制はなお禁止されていたが、労働運動は急速に発展した。これを見てビスマルクは1878年社会主義者取締法を制定、ほとんどの労働組合が解散させられた。しかし多くの組合は活動を続け、1890年には社会主義者取締法が失効し、労働組合はさらなる発展を遂げた。この時期、フーゴー・ジンツハイマーが集団主義的労働法理論を構築し、第二帝政期には実現しなかったがワイマール共和国の労働立法のもととなった。

　オーストリアでも1848年に三月革命が起こったが団結禁止は続き、1857年営業令は労働条件改善のための一斉行動を非合法とした。1867年の結社集会法で一般的な結社の自由が認められた後もこれは維持され、1870年の団結法でようやくストライキが非合法でなくなった。その後ビスマルクに倣って1886年に無政府主義者取締法が制定され、労働組合を弾圧した。

　ベルギーでは1866年に刑法を改正して団結罪が削除され、代わりにフランスに倣って労働の自由への侵害罪が設けられ、1892年に強化された。オランダでは1872年に団結禁止法を撤廃し、労働組合と使用者団体が法律上に規定された。イタリアでは1890年のザナルデッリ刑法が、暴力や脅迫を伴うストライキの実行行為のみを刑事罰の対象とし、一般のストライキを合法化した。スペインでも1876年憲法で集会結社の自由が規定され、1887年法で使用者および労働者の団結の自由が認められたが、公序良俗に反する結社は刑事罰の対象であった。

　一方デンマークでは、団結禁止は正式に撤廃されないまま1850年代に

10

は事実上使われなくなった。団結禁止法のなかったスウェーデンやノルウェーも含め、これら北欧諸国では19世紀末に中央労働団体が結成され、同時期に結成された中央使用者団体との間で中央協約を締結していくことになる。

アメリカでは労働組合の20年余の立法闘争の結果、ウィルソン大統領の下で1914年クレイトン法が制定され、「人間労働は商品ではない」と宣言して、労働団体の活動を反トラスト法の対象から除外した。これをアメリカ労働総同盟（AFL）のゴンパーズ会長は「労働者のマグナカルタ」と呼んだが、1921年に連邦最高裁は同情ストに対する差止命令を認め、さらに使用者の請求による差止命令も頻発した。これを食い止め、労働組合へのシャーマン法の適用を制限するために制定されたのが1932年のノリス・ラガーディア法である。

日本でも1919年原内閣の下で治安警察法17条の削除が答申され、労働組合の容認政策に移行した。もっともその後労働組合法案は繰り返し起草され、国会に提出されたが成立に至らなかった。ただし、1926年若槻内閣の下で治安警察法の改正と労働争議調停法が成立し、制限付きとはいえ労働争議は適法行為として扱われるようになった。

中国では孫文の広東政府が1922年に暫行新刑律のスト禁止規定等を廃止するとともに、第一次労働組合令（工会条例）を制定し、1924年には第二次労働組合令（工会条例）が制定された。

3 団結保護と労働協約立法

次の段階は、労働組合を法的に位置付ける立法である。もっともここから各国間の違いが明確になってくる。先頭を行くイギリスは1871年に労働組合法を制定したが、その規定ぶりは労働組合の目的である取引制限が違法であることを前提としつつ、その違法性を裁判上免責するにとどまり、団結権を積極的に認めたとは言いがたい。「訴えることも訴えられることもない団結」という発想に基づくもので、今日に至るまでイギリスの労働協約が拘束力を持たない紳士協定にすぎないのもここに由来する。その後1875年には主従法と刑法修正法が廃止され、使用者・労働者法と共謀罪・財産保護法

に代わった。前者により雇用契約に係る手続は民事裁判に一本化され、刑事免責が完成した。後者は労働争議をほぼ共謀罪から免責するものであった。しかしなお1901年のタフ・ヴェール事件判決が民事上の損害賠償を認めたため、1906年の労働争議法が民事共謀法理を適用除外し、民事免責を完成させた。このように、労働組合としての積極的な権利を設定するのではなく、民事刑事上の責任を免れるようにするという方向性がイギリス労使関係法の基本的性格を色濃く示している。これは、現実に存在する労働組合が事実上強力であることを前提に、集団的労使関係システムに法的介入をしないという在り方であり、「コレクティブ・レッセフェール」（カーン・フロイント）と呼ばれるものである。なお戦間期には1926年の大争議を受けて、1927年労働争議・労働組合法がいわゆるゼネラルストライキを禁止したが、第二次大戦後の1946年に労働党政権の下で廃止された。

　興味深いことに、デンマークやスウェーデンといった北欧諸国も、特段の（イギリスのような免責中心の消極的なものさえ）労働組合立法を持たないまま、現実に労働組合の全国組織が極めて強力な存在となり、全国的大争議を経て、デンマークの「9月協約」（1899年）、スウェーデンの「12月妥協」（1906年）という中央労働協約が集団的労使関係の在り方を定めるようになった。イギリスとは異なるが、これはマクロ的コレクティブ・レッセフェールを形成したと言える。もっともスウェーデンは1927年の大争議を受けて1928年に労働協約法を制定し、規範的効力と平和義務を定めた。そして1938年に基本協約（サルチオバーデン協約）が締結され、産業平和を自治的に確立するための常設の労働市場委員会が設置されるとともに、分野ごとに一連の中央協約が締結されていった。なお1929年にデンマークで労働組合法が制定されているが、これは自由党政府により団体の権力から個人の自由を守ることを目指すもので、1937年に廃止されている。労働立法の欠如で特徴付けられるデンマークにおける労働組合法という名の立法が団結保護ではなくむしろ団結からの保護を目的とするものであり、その廃止があらためてコレクティブ・レッセフェールの確認になっているという点が興味深い。

　これに対して欧州大陸諸国では、ローマ法の伝統を受け継ぐ民法的契約理

12

論が受け皿として存在したこともあり、労働組合やその締結する労働協約を法的に位置付ける立法が進展した。労働協約立法の嚆矢は1900年にジュネーブで制定された法律であるが、1911年のスイス債務法改正により労働協約の規範的効力が明定された。これはドイツやフランスよりも早い。

フランスでは第三共和制下の1884年に職業組合法（ワルデック・ルソー法）が制定され、ル・シャプリエ法が廃止された。この時、労働者個人の利益ではなく職業という集団的利益を代表するものとして「職業組合」が認められたことが、後の「代表的組合」という観念の源流となったといわれる。これにより労働組合運動はますます活発となり、1892年の労働争議調停法により、斡旋による労使協定や仲裁裁定が生み出されるようになった。これがフランスの労働協約制度の源流といわれる。1895年に結成された労働総同盟（CGT）はサンディカリスムの傾向が強かったが、第一次大戦が勃発すると戦争協力に転換し、それを背景に第一次大戦後の1919年に労働協約法が制定された。同法は労働協約を集団的な労働条件に関する契約と定義し、協約に拘束される者（組合員）に対する規範的効力を認めた。この時の労働協約法制は個人主義的契約理論に則ったもので、拡張適用制度はなかった。これが導入されたのは人民戦線内閣時の1936年の改正労働協約法である。同法により、最も代表的な労使団体が締結した労働協約は、労働大臣の拡張命令により、その地域の同一職業部門内のすべての労働者および使用者に対して拡張適用され、これに反する労働契約条項は無効となる。この「最も代表的な組合」という概念が、ごく最近に至るまでフランス労働法制の中核にあった概念である。

ベルギーでもワルデック・ルソー法に倣って1898年に職業組合法を制定したが、第一次大戦後の1921年の結社自由法でようやく刑事免責が完成した。しかし労使合同委員会で産業別協約が多数締結されたが労働協約立法には至らなかった。一方オランダでは、1907年の改正民法で雇用契約に関する規定が設けられるとともに、雇用契約に対する労働協約の規範的効力が規定された。1927年には労働協約法が制定され、1919年オーストリア労働協約法と同様に、協約の拘束を受ける使用者に雇用される非組合員への協約適用も規定された。さらに1937年法により、社会大臣の一般的拘束力宣言に

より労働協約の定める条件を未組織の労働者および使用者に拡張適用する制度も導入された。

　ドイツでは、第二帝政下でアウトサイダーにとどまっていた労働組合が第一次大戦中において政府への協力を約した。このいわゆる「城内平和」の下で、1916年改正結社法、1918年改正営業法により団結自由が完成した。さらに1916年の祖国労働奉仕法によってむしろ労働組合が政府機関に関与するに至った。敗戦直後の1918年、労使中央団体間の協定（シュティンネス・レギーン協定）が結ばれ、労働組合と労働協約の承認、事業所委員会の設置などが盛り込まれた。これを実施するために制定された1918年労働協約令は、労働協約の規範的効力を認めただけではなく、労働大臣による一般的拘束力宣言制度を初めて導入した。これは労働法の歴史における大きな画期となる。逆にドイツでは特段の労働組合法は作られず、1919年のワイマール憲法に団結の自由（159条）と共同決定（165条）が盛り込まれたにとどまる。

　ハプスブルク帝国が崩壊し共和制となったオーストリアでも、1919年に規範的効力を認める労働協約法が制定されている。これはドイツの1918年労働協約令と異なり、協約の適用を受ける使用者に雇用される非組合員への適用を初めて規定した。この点は1927年オランダ労働協約法、1950年フランス労働協約法と同じである。また一般的拘束力も労働大臣ではなく仲裁局の決議により付与される。

　イタリアでは組合・協約立法ができないまま第一次大戦後ムッソリーニ支配下のファシスト政権となり、1926年の集団的労使関係規制法（ロッコ法）が部門ごとに労使双方に唯一の組合を認め、その産業のすべての者に適用される協約を締結する権限を与えた。さらに1934年の協調組合法は労働組合と使用者団体を合体し、国家の機関とした。こうしたコーポラティズム体制はフランコ支配下のスペインやサラザール支配下のポルトガルでも「組合」として導入されたが、ヒトラー支配下のナチスドイツでは指導者原理に基づくドイツ労働戦線が設けられた。一方フランスのヴィシー政権はむしろ労使協調的コルポラティスムの傾向が強い。

　ロシアでは1917年の二月革命で成立した臨時政府が集会・ストライキの

14

自由を認める方針を打ち出したが、制定に至る前に十月革命によりソビエト政権が成立した。1918年の第一次労働法典は戦時共産主義体制の下、一般的労働義務を課し、反革命的団体運動は一切処罰された。ネップ時代の1922年には労働協約令が出され、同時代のヨーロッパと類似の規定を盛り込んでいた。これは同年の第二次労働法典でも受け継がれているが、同法は一方で全ロ労評への登録を課し、登録されていない一切の団体の権利を否定した。1930年以降スターリンの独裁体制が確立していくと、「労働組合主義の残滓の克服」をスローガンに労働組合関係者の広範な粛清が行われ、労働組合は完全に御用化した。もっともネップ期の労働法典は放置され、必要な事項はすべて中央からの指令で実施された。この時期に強化されたのは労働規律と秩序で、規律違反には峻厳な労働刑罰制度が設けられた。ソビエト労働法は労働者の権利ではなくその規律懲戒のための法となった。

　アメリカで労働立法が急速に発展したのは、大恐慌が深刻化する中で大統領に就任したフランクリン・ルーズベルトが断行したニュー・ディール政策の一環としてであった。1933年の全国産業復興法（NIRA）は各産業に公正競争準則を作成させ、その規約の必要記載事項として団結権や団体交渉権の保障等が含まれていた。連邦最高裁がNIRA法に違憲判決を下した1935年に成立した全国労働関係法（ワグナー法）は、団結権と団体交渉権の承認とそれらへの侵害を不当労働行為として禁止し、救済することのみを規定した世界的にはやや特殊な法制であった。不当労働行為として挙げられたのは支配介入、差別待遇、報復的差別待遇、団体交渉拒否であり、その救済手続は全国労働関係局が専属管轄し、使用者に命令を発する。ワグナー法のもう一つの特色は、交渉単位制、排他的交渉代表制を法律上に明確に位置付けたことであり、欧州諸国に見られる労働協約の一般的拘束力制度を団体交渉の枠組に組み込んだものと解することもできる。

　なおアメリカでワグナー法が制定されると、カナダでも労働組合が類似の法律を要求し、かなりの州で団体交渉権や不当労働行為制度を規定する州法が制定された。

　オーストラリアとニュージーランドはまた独自の労働法制を進化させている。海員争議をきっかけに1894年にニュージーランドで制定された労働

調停仲裁法は、労働組合の登録制度、労働争議の強制調停・仲裁、そして一般的拘束力ある裁定による全国的最低労働条件の設定という仕組みを作り、こうした保護の代わりに協約、裁定の有効期間中の争議行為は禁止された。これに倣ってオーストラリアでも州レベルで強制仲裁法が制定され、1904年には連邦調停仲裁法が制定された。同法に基づき連邦調停仲裁裁判所が発する仲裁裁定がスライド制の導入により他国の最低賃金法の役割を担うこととなった。ただしオーストラリアでは、1930年改正で争議禁止規定は廃止され、裁定に禁止条項が挿入されるようになった。

　日本では上述のように1920年以後政府が繰り返し労働組合法案を起草し、1926年若槻内閣の下で労働組合法案を国会に提出したが、衆議院で審議未了廃案となった。その後1931年には濱口内閣が労働組合法案を提出し、衆議院は通過したが貴族院で審議未了廃案となった。これらは原案の民事免責規定を削除するなど大幅に骨抜きとなっているが、組合員たることを理由とする解雇の無効などは盛り込まれていた。しかし労働協約に関する規定は盛り込まれていなかった。

　中国では孫文の死後、蒋介石の南京国民政府が労働法起草委員会を設置、広く欧米諸国の労働法規を参照して1929年に労働法典草案を起草した。その内容は日本をはるかに凌いで東洋随一、世界的水準にあったという。これに基づき同年、不当労働行為制度を盛り込んだ労働組合法（工会法）が制定された。1928年の労働協約法は団体協約を労働法院への登録制とし、規範的効力や余後効、平和義務を規定するとともに、労働法院による一般的拘束力宣言規定もあった。しかし1931年以後の日中戦争期には非常事態法制が続々と制定され、戦後の国共内戦期にも抑圧的な法制が続いた。

4 第二次大戦後のシステム

　第二次大戦後も各国の集団的労使関係システムは基本的に戦前の軌道の延長線上を進んでいく。イギリスと北欧のコレクティブ・レッセフェールは変わらない。ドイツもワイマール期の軌道に戻り、1949年のボン基本法に団結権が規定され、同年の労働協約法は1918年労働協約令を引き継いで規範的効力と一般的拘束力宣言制度を規定した。またワイマール期に分裂

序章　団結と参加―労使関係システムの諸類型―

していた労働組合が1949年にドイツ労働総同盟（DGB）として統一ナショナルセンターを結成した。

　フランスの1946年労働協約法は、協約を職業の法と位置付け、労働大臣が労使合同委員会を招集し、そこで締結された産業別の全国協約を労働大臣の承認により産業全領域に適用し、それを前提に地方・地区協約や事業所協定の締結を認めるという極めて介入主義的な仕組みであったが、ほとんど機能しなかった。そこで1950年労働協約法は過度の国家介入を排し、すべての労働組合に協約締結権を認めるとともに、全国協約、地方協約、事業所協定の優劣について有利原則による一定の整序を行った。もっとも事業所協定の締結には制約がある。なお同法は戦前のオーストリア、オランダの制度と同様、企業単位で非組合員にも適用される効力を認めた。これはいかなる組合との協約であれ自動的に全被用者に適用されてしまう仕組みなので、複数の組合と協約を締結した場合には、そのすべてがどの組合員であるかあるいは非組合員であるかを問わず重複的に適用されることになり、複数組合、少数組合の傾向を強めることとなった。なお戦後労働組合の複数化が進む中で、拡張適用の要件としての「最も代表的な労使団体」が固定化したことも、この傾向を強めた。

　一方、戦後になってネオ・コーポラティズム的な仕組みが導入されたのがベネルクス諸国である。オランダでは戦前の労働協約法が復活したが、1945年の労働関係緊急勅令による所得政策によって封印され、中央調停委員会が労働協約の設定改定の認可を行うとともに、自らの発意で賃金・労働条件を設定することもできることとされ、その際労使二者構成による労働協会への諮問が義務付けられた。事実上この労働協会が労働条件設定権限を持つ形である。ベルギーでも1945年の労使合同委員会法により、同委員会で満場一致で協約を決定し、それを勅令で一産業全体に一般的拘束力をもって適用するという仕組みが設けられた。勅令で承認されない協約は一般的拘束力は持たないが、1954年雇用契約法により協約の規範的部分について慣習としての一般的補充効が認められた。ただしその効力は任意的であり就業規則や個別雇用契約に劣後したため規範的効力はなかった。1968年労働協約・労使合同委員会法により協約そのものに規範的効力が認められ、締結使用者

17

団体に所属する使用者およびその使用するすべての労働者に適用されることとなった。それでも適用されないアウトサイダーについては補充効のみである。

なおオーストリアでは、労働協約を締結する使用者側団体が全員強制加入の商工会議所であるため、労働組合員であるか否かにかかわらず全企業に雇用される全労働者に労働協約が適用されるという形で、ネオ・コーポラティズムを実現した。ちなみに、労働協約立法のパイオニアであったスイスは、第二次大戦下の1941年に緊急政令で労働協約の一般的拘束力を導入し、戦後の1956年になってようやく法律で規定するに至った。

ファシズムから脱したイタリアでは、憲法に団結や協約、参加等が規定されたが、それを具体化する法律が制定されず、労働組合は事実上の社団にすぎず、協約の効力もファシズム期の1942年民法の規定に基づく状態が長く続いた。ようやく1973年民法改正で規範的効力が規定された。一般的拘束力についても判例は憲法の賃金保障規定を根拠に協約賃金を適用するというやり方で事実上認めてきたが、労働協約の一般的拘束力により最低賃金を導入しようとした1959年ヴィゴレッリ法は1962年に違憲判決を受けてしまった。

これに対しスペインのフランコ体制は大戦中中立を守ったため戦後も長らく生き延びた。その中でも1958年の労働協約法が労働条件決定を分権化した。また1962年刑法改正で、それまで国家への反逆とされていたストライキが、非政治的目的のものに限り合法化された。そして1975年にフランコが死ぬと民主化措置が矢継ぎ早に実施され、1977年の労働関係勅令法、労働組合調整法により、非合法であった労働組合が合法化された。ポルトガルのサラザール体制も1976年に民政に移管した。なおソ連では1956年にフルシチョフがスターリン批判を行い、転退職禁止や労働刑罰制が廃止された。

アメリカでは戦後共和党からワグナー法を大幅に改正する法案が提出され、トルーマン大統領の拒否権を覆して1947年に全国労使関係法（タフト・ハートレー法）が成立した。同法は使用者側だけでなく、排他的交渉代表（労働組合）の団体交渉拒否や差別待遇の強要、二次的ボイコット、フェ

ザーベッディング（履行されない労務に対し使用者に金銭を払わせること）等も労働組合側の不当労働行為とし、クローズドショップを禁止するなど、強大化した労働組合の力を削ぎ、労使間の交渉力の平等化を図るものであった。これに対し対立抗争してきたAFLと産業別組合会議（CIO）は1955年にAFL-CIOとして統一した。その後1959年には、労働組合の腐敗現象に対処するため、組合員の権利と自由を労働組合から守ろうとする労使報告公開法（ランドラム・グリフィン法）が制定された。

　日本では敗戦後超スピードで1945年労働組合法が制定された。その特徴は不当労働行為が不利益取扱いのみでかつ直罰制をとっていたことである。1949年改正法は連合国軍総司令部（GHQ）の指示により、ワグナー法に倣って支配介入や団交拒否も不当労働行為とするとともに、労働委員会が救済命令を発するという行政救済方式を導入した。なお原案では排他的交渉代表制も導入しようとしていたが、これは撤回された。その結果、すべての労働組合に対する団交拒否が不当労働行為になるという諸外国に例を見ない制度が生み出された。

　戦後独立した韓国では、朝鮮戦争後の1953年に労働組合法等一連の労働立法を制定した。その内容は日本の法制と似ているが、国の干渉を認めていたり、労働協約の締結単位を工場、事業場に限定して企業別組織に誘導しようとしていた。

　中国では1949年に共産党が中華人民共和国の建国を宣言し、1950年工会法が制定されたが、労働組合は共産党と大衆を連繋する紐帯であり、同党の指導の下に労働者大衆が共産主義を学ぶ学校と位置付けられた。一方、台湾に逃れた国民政府は1949年に戒厳令を敷き、集会、ストライキ、デモ等は厳禁された。

5　高度成長期以後の変化

　このように進展してきた各国ごとに特色を有する集団的労使関係システムは、基本的には今日に至るまでその軌道の延長線上を進んできているが、例外的に大きく方向性を変えたのが、労使関係システムの先頭を走っていたはずのイギリスであった。コレクティブ・レッセフェールの下で職場レ

ベルの労使関係が無秩序化し、賃金ドリフトと非公認ストが頻発する状況に対し、1968年のドノヴァン委員会報告、1969年の労働党政権の労使関係法案がなお微温的な改革を志向したのに対し、1970年に政権に就いた保守党のヒース政権は1971年、イギリス史上初めての包括的な労使関係法を制定した。同法は労使団体の登録制を導入し、登録組合のみに民事免責を限定したこと、労働協約に法的拘束力を認めたこと、アメリカ型交渉単位制を導入したこと、不公正労働行為制度により争議を規制したことなど、イギリスの集団的労使関係を造り替えようとするものであったが、1974年に政権に復帰した労働党政権が同年の労働組合・労働関係法によりその大部分を廃止した。

　しかし、1979年に政権に就いた保守党のサッチャー政権は、段階的に徐々に堀を埋めるように労働組合の力をそぎ落とすための立法を進めていった。1980年の雇用法、1982年の雇用法、1984年の労働組合法、1988年の雇用法、1990年の雇用法、後継のメージャー政権に変わってもさらに1993年の労働組合改革・雇用権法と、その内容は多岐にわたるが、一言でいえば組合員や非組合員など個別労働者との関係で労働組合の権限をできる限り削減するものであった。その結果、強盛を誇ったイギリスの労働組合は著しく弱体化した。1997年に政権に復帰した労働党のブレア政権は、これら集団的労使関係システムに関しては保守党政権時の制度を大部分維持した。イギリス労使関係は全くその相貌を変えてしまったが、とはいえイギリスは大陸型になったわけでもない。組合承認手続が復活して弱い団結保護はあるが、労働協約は依然として法的拘束力を持たない。「コレクティブ」が希薄化した「レッセフェール」と言えようか。

　もう一つ、高度成長期以後に労使関係法制を目まぐるしく変えてきたのがフランスである。それは一言でいえば企業レベルでの組合活動、団体交渉の促進を目指すものであり、後述の労働者代表・労使協議法制とも絡み合いながら、今日に至っている。まず1968年のいわゆる五月革命直後に企業内組合活動法が制定され、50人以上企業で組合支部設置、組合代表の指名が認められた。1971年の労働協約法は企業別交渉を促進するため、有利原則は維持しつつも、上位協約との関係での制約を撤廃した。社会党のミッ

20

テラン政権の下で1982年に制定されたいわゆるオルー法のうち、団体交渉・労働争議調整法はフランス史上初めて団交義務を導入した。産業レベルでも毎年賃金交渉が義務付けられたが、とりわけ重要なのは、組合支部のある企業が毎年賃金・労働時間について交渉することが義務付けられたことである。しかも有利原則に一部例外を設け、上位協約よりも不利な企業協約を可能にした。これは企業を交渉に誘導するためであるが、企業内ではごく少数なのに全国レベルでは「代表的」な少数組合が労働者の多数の意に反して逸脱協約を結んでしまう危険性があるため、企業レベルの多数組合に逸脱協約への拒否権を与えた。

　2000年の第二次オブリー法は時短と引き替えの労働時間柔軟化を導入する要件として労働協約・労使協定を大幅に認め、その際組合代表や組合指名労働者だけではなく被用者代表にも交渉権限を認めた（非典型協定の公認）。しかもこれが財政支援を受ける要件として労働者の過半数の支持を要求し、フランス労働法に過半数原則が入り込んできた。2004年のフィヨン法は有利原則を廃止し、上位協約が明示的に禁じている場合に限定したものであるが、同法の新規性はむしろ、それまで（戦後一貫して維持されてきた）「代表的組合」の擬制を一部放棄し、過半数原則を正面から導入した点にある。すなわち、全国レベルで代表的な組合であれば企業内でいかに少数でも労働協約を締結できるという原則は維持しつつ、少数者だけによる逸脱協定が多数労働者の利益を害することのないよう、労働者の過半数を代表する組合による拒否権を認めたのである。さらにフィヨン法は産別協約による委任を前提に、一般的に企業委員会の労働者委員や被用者代表、受任労働者が交渉し、協定を締結することを認めた。こうして拡大してきた過半数原則が、ついに反証不可能な「最も代表的な組合」の推定をひっくり返したのが2008年の労使民主制法である。これにより5労組に認められてきた代表の推定が廃止され、選挙等による代表性要件が定められた。そして2016年のエル・コムリ法はその延長線上でついにこれまでの規範序列を逆転させ、労働協約が（公序を除く）法令に優先し、協約の中でも企業協約が産別協約に優先することとした。こうして優位に立った企業協約の正当性を高めるため、過半数協約の要件が強化された。半世紀にわたる企業レベル労使関係

強化の到達点と言えよう。

　ドイツをはじめとするゲルマン系諸国は、後述の労働者代表・労使協議法制では大きな進展はあったが、労働組合法制ではほとんど変化はなかった。ただし、ごく最近になってドイツの労働協約法制に大きな変化があった。すなわち2014年の協約自治強化法により、労働協約の一般的拘束力宣言の要件が従来の50％から「公共の利益によって必要と思慮される場合」に緩和された。さらに2015年の労働協約法改正によりいわゆる協約単一原則が立法化された。

　興味深いのは1970年代におけるスウェーデンの立法である。デンマークとともにマクロ的コレクティブ・レッセフェールの代表格であったスウェーデンが、社民党パルメ政権の下でかなり包括的な集団的労使関係法制を構築した。1974年法が職場における組合委員の活動権を保障し、1976年共同決定法は、団結権、団体交渉権、情報・協議権、争議権を一括規定した。他の諸国では組合以外の労働者代表法制で規定される事項もすべて組合法制の中に盛り込まれ、最も徹底した組合シングル・チャンネル方式を実現した。もっとも、これは立法以前に存在していたスウェーデンの現実を法律上に明記したとも言える。20世紀初め以来のコレクティブ・レッセフェールを名実ともに完全に維持してきたのは、フレクシキュリティで突然脚光を浴びたデンマークだけであった。

　一方イタリアは1968〜1969年のいわゆる「熱い秋」がきっかけで大きく変わり、イタリア史上ファシズム時代に匹敵する抜本的な労働法改革が行われた。1970年の労働者憲章法は組合結成権を明記するとともに、反組合的行為という名の下に不当労働行為を明文で禁止した。1975年にフランコが死んで民主化したスペインでも、1978年の新憲法が労働三権を規定し、1980年の労働者憲章法、1985年の労働組合自由組織法が企業内組合活動を保障した。

　ソ連では1985年にゴルバチョフが政権につき、ペレストロイカ政策を始めた。その中で1989年にストライキ権を認める集団的労働紛争解決手続法が制定され、1990年労働組合法は労働組合の自由な結成を認めた。しかし現実政治は法を追い越して進み、1991年にソ連は崩壊した。体制転換後の

ロシアでは、1992年に労働協約・協定法、1996年に労働組合法が改正され、その独立性を強調している。

ソ連型の一枚岩的労働組合主義の下にあったポーランドでは、1980年にワレサを中心として独立自主管理労組「連帯」が結成され、政府との合意書で独立労働組合の設立が認められたが、1981年ヤルゼルスキ首相により弾圧された。しかし1989年には部分自由選挙で連帯が圧勝し、1990年にはワレサが大統領に就任、1991年には労働組合法等集団的労使関係法制が整備された。

アメリカの集団的労使関係法制は終戦直後のタフト・ハートレー法が維持されている。もっとも同法に対しては事件処理の遅滞と救済命令の不十分さが指摘され、AFL-CIOが中心となって1977、78年にその改正法案が提出された。その内容は略式手続の新設、組織化過程での不当解雇への2倍額バックペイや差止命令、初回団交拒否への損害賠償等であるが、民主党のカーター政権下にもかかわらず、上院での議事妨害により不成立に終わった。2009年に発足した民主党のオバマ政権も、労働組合の結成・加入を容易にするための法改正に乗り出し、被用者自由選択法案を与党から提出した。現行法では排他的交渉代表となるためには被用者による無記名・秘密投票による過半数の支持が必要だが、これを被用者の過半数が組合授権カードに署名していれば選挙なしに認証できるというカード・チェック条項が焦点となった。しかし共和党が猛反対し、やはり成立しなかった。

カナダでは1971年労働関係争議調査法が全面改正され、交渉単位内の労働者の35％以上が組合員であることが認証申請の条件とされ、50％以上であれば選挙なしに認証される。また不当労働行為制度には労使双方の誠実交渉義務が明記されるとともに、従来の科罰主義に加えて行政救済方式も導入された。

大洋州では近年労使関係システムに大変動があった。まずニュージーランドであるが、1990年に政権に就いた国民党のボルジャー首相は、新自由主義思想に基づき個別雇用関係を中核とする法制度を構築した。1991年の雇用契約法は結社の自由を強調して強制組合主義を排除し、被用者団体も雇用契約の交渉代理人になり得る社団と位置付け、「団体交渉」という概念を

否定した。したがって、交渉代理人にすぎない労働組合が行うストライキを労働争議として調整する仕組みもなくなり、雇用審判所の斡旋も個別紛争が対象となる。しかし1999年に労働党が政権に復帰し、2000年の雇用関係法は労働組合や団体交渉の概念を復活させ、1991年法で集団的雇用契約と呼ばれていた労働協約も復活させた。しかしかつての強制仲裁制度、強制組合主義は復活せず、標準的な労使関係システムに落ち着いた。2008年に国民党が政権に復帰したが、労使関係法に変化はない。

　オーストラリアでは1980年代から90年代にかけての労働党政権時代に企業別交渉、協約を促進するなど交渉の分権化が進められていたが、1996年に自由党・国民党のハワード政権が誕生すると、労使関係システムの抜本的転換に乗り出した。同年の職場関係法は労働組合を排除し、個人契約中心の仕組みを構築した。同法の中心概念たる職場協定は個人ないし集団の「協定」で、労働組合など第三者による代理交渉は可能だが、強要はできない。新設の雇用審査官は加入強制などを結社の自由違反として取り締まった。さらに2005年の労働選択法は組合役員の職場への立入権を制限するなど組合活動や争議への抑圧姿勢を示した。しかし2007年には労働党が政権に復帰し、2009年の公正労働法は企業協約中心の労使関係法制を構築した。交渉は単一使用者と被用者の選んだ交渉代表者の間で行われ、組合員については自動的に組合が交渉代表になり、誠実交渉義務も定めた。非組合被用者代表と締結する企業協約は合意後被用者の投票により過半数の支持が必要で、その上で公正労働局の認可を受けて発効する。

　一方、日本の集団的労使関係法制は1949年労働組合法がほとんどそのまま維持され、法改正の動きもほとんど見られない。しかし後述の労働者代表・労使協議法制についてはいくつか議論の萌芽があり、それが労働組合法のあり方に影響を及ぼすことも考えられる。

　これに対し韓国の法制は大きく変転してきた。朴正熙政権の下で1963年に改正された労働組合法は、既存の労働組合の正常な運営を妨害することを目的とする団体を労働組合と認めず、事実上事業場内で複数組合の設立を否定した。さらに非常戒厳令下で制定された1972年の維新憲法は、団結権、団体交渉権、団体行動権は法律の範囲内で保障されるとした。朴大統

序章　団結と参加―労使関係システムの諸類型―

領暗殺後クーデタで権力を握った全斗煥政権は、1980年労働組合法改正で、労働者の福祉増進を組合の目的とする一方、第三者介入禁止条項により企業別組合を外部から切り離そうと図った。もっとも1986年改正で第三者介入禁止から上級連合団体が除外された。この頃民主化運動が高まり、盧泰愚は1987年民主化宣言を発し、同年の第六共和国憲法は労働三権を法律の留保なく保障した。また同年の労働組合法改正は、労働組合の組織形態を産業別、地域別なども可能にする一方、既存組合と競合する複数組合の設立禁止は維持した。以後、複数組合禁止、第三者介入禁止、公務員・教員の労働基本権問題は「三禁問題」と言われた。

　その後、金泳三政権は1997年改正で三禁を原則解除した。まず本則で複数組合を容認したが、附則でその施行を2001年まで先送りし、それまでに交渉窓口一本化を図ることとされた。また政治活動禁止と第三者介入禁止も削除された。一方、これまで習慣的に行われてきた組合専従者給与の会社負担を禁止したが、これも2001年まで先送りした。ちょうどこの1997年にアジア通貨危機が韓国経済を直撃し、金大中新大統領は労働市場の柔軟化のための法改正を行った。しかし複数組合問題は金大中、盧武鉉両政権下では先送りされ続け、ようやく李明博政権下の2010年になって、団体交渉窓口の一本化と交渉代表組合の公正代表義務を併せて規定することで一定の解決に至った。これにより複数組合のある事業場では交渉窓口単一化（過半数組合が交渉代表になるか又は全組合が共同交渉代表団を構成）が必要となる。そして交渉代表労働組合と使用者は手続に参加した組合や組合員間で差別してはならないという公正代表義務を明記した。

　大躍進や文化大革命を経験した中国は1976年以降改革開放時代に入り、それが加速する中で1992年工会法が制定された。同法は民主集中制原則に基づき、基層工会、地方総工会、産業工会、中華全国総工会というヒエラルキーを定めている。工会の機能は、労働者の労働契約（労動合同）締結の援助指導、労働者を代表して労働協約（集体合同）を締結することのほか、企業の労働紛争の調停事務（調解工作）が挙げられ、紛争の一方の当事者ではなくその中立的解決者として位置付けられている。1994年労働法は労働契約のほかに労働協約（集体合同）についても定めている。2001年工会法

25

においても、企業に対して労働者の利益を代表する機能とともに紛争の中立的解決者としての位置付けに変わりはない。

　台湾では1987年に戒厳令が解除され、労使関係抑圧政策が大きく転換した。民進党の陳水扁政権下で提案された労働三法は2008年から2010年にかけて国民党の馬英九政権下で成立し、新たな労使関係法制を構築した。新工会法は企業グループ単位も含めて企業工会を認め、産業工会や総工会レベルで複数組合を認めた。新団体協約法は労使双方に団体交渉義務を課し、団交拒否を不当労働行為とした。新労資争議処理法は不当労働行為に対する裁決という準司法的行政救済制度を導入した。

第3節　「参加」型集団的労使関係法制
　　　　－労働者代表・労使協議法制

　欧州の集団的労使関係システムは労働組合と労働者代表制の二本立てであるが、両者の分離－結合の度合はさまざまである。

1　第二次大戦前の展開

　労働者代表制の祖国はドイツである。第二帝政期は労使共同決定制の前史に当たる。ビスマルクの社会保険制度確立の一環として1883年に制定された疾病保険法が、50人以上事業所に事業所疾病金庫の設置を義務付け、その理事会に労働者代表の選出を規定したことをその萌芽と呼べよう。その後ウィルヘルム2世は1890年の勅令で労使共同決定を打ち出し、改正工業条例は20人以上の工場に就業規則の作成とその際の労働者からの意見聴取を義務付けるとともに、間接的に労働者委員会の設置を促進した。また1905年改正鉱業法は100人以上の炭鉱に常設の労働者委員会の設置を義務付けた。さらに第一次大戦下の「城内平和」の一環として、1916年の祖国労働奉仕法は50人以上の軍需産業に労働者委員会又は職員委員会の設置を義務付け、ワイマール時代の出発点となった。

　敗戦直後の1918年に結ばれたシュティンネス・レギーン協定も事業所内

26

労働者委員会の設置を謳い、同年の労働協約令には20人以上のすべての事業所に労働者委員会、職員委員会の設置を義務付けた。また1919年のワイマール憲法も共同決定を規定した。そして1920年の事業所委員会法は、それまでの制度が就業規則への意見聴取にすぎなかったのを事業所協定の共同決定権に強化し、また解雇についての協議権、労働協約の実施監視機能も設けられた。さらに企業の意思決定機関への参加についても、監督役会に事業所委員を派遣することや経営状況を事業所委員会に情報提供することなどが規定された。しかし1934年ナチス政権下で事業所委員会は廃止され、指導者原理に基づき信任協議会が設置された。

　オーストリアでも1919年に事業所委員会法が制定され、20人以上企業に事業所委員会の設置が義務付けられ、協約遵守の監視、就業規則制定変更への参加、解雇への異議申立等を行うこととなった。しかし同国の労働法制を特徴付けるのはむしろ1920年の労働者会議所法であろう。1872年に要望されてから半世紀後に成立した労働者会議所は、労働者の利益に関わる問題について立法機関や行政当局に意見を提出する公的機関であり、全国レベルの非組合型労働者代表制を確立したのは同国だけである。しかし1933年のファシズム体制の下で労働者会議所の統制権を政府が握り、事業所委員会を廃止し、ナチスドイツに併合後は労働者会議所も解散された。

　一方フランスではブリュム人民戦線内閣の下で、1936年改正労働協約法により（労働協約拡張の要件として）被用者代表制度が導入されたのが出発点であるが、その規定ぶりは拡張可能な労働協約の要件として被用者代表制度を要求するという間接的なものであった。しかし2年後の1938年、ダラディエ内閣の政令で10人以上事業所に直接設置が義務付けられるとともに、毎月1回企業長と会見することなど詳しい規定が置かれた。ヴィシー政権は労使の利害対立を否定し、単一職業組合を設けるとともに、労使協力のための事業所社会委員会を設置した。

　イタリアでもファシズム政権下の1934年、労働組合と使用者団体を合体し国家機関化した協調組合法が成立した。スペイン・フランコ体制下の「組合」も同じ性格である。これら諸国の旧コーポラティズムは戦後のネオ・コーポラティズムとは断絶している。

一方、イギリスでは第一次大戦下で職場委員（ショップ・スチュワード）と呼ばれる職場の組合活動家が労働者委員会運動を展開したが、戦後は政府のホイットレー委員会報告に基づき、職場委員会の設置運動が進められた。しかし使用者側が経営参加に反対したことに加え、労働者側の職場委員たちが労使二者構成のホイットレー委員会を拒否したため、あまり進まなかった。

　ロシアでは第一次大戦下で労働者兵士代表評議会（ソビエト）が生まれ、各工場には工場委員会が設けられて賃上げ等を要求した。二月革命後臨時政府は工場委員会法案を準備したが、十月革命でボルシェビキが権力を掌握すると、一般的労働義務が課せられた。市場経済の復活を認めるネップ時代の1922年労働協約令は工場委員会を労働組合の第一次機関と位置付けたが、スターリン時代には名ばかりとなった。

　アメリカでは第一次大戦後の1920年代、巨大企業で競って被用者代表制の導入が進められたが、大恐慌を受けたワグナー法でニューディール型労使関係に大きく転換する中、会社組合として否定の対象となった。もっとも、それまで会社組合が占めていた位置をそのまま産業別組合が引き継いだため、産業別組合が企業・事業所レベルで交渉し、協約を結ぶというアメリカ特有の仕組みが形成されたとも言える。ただ、欧州では企業外の労働組合との産業別労使関係と企業レベルの被用者代表制が並列的に確立していったが、アメリカでは企業の組合排除の手段として会社組合が用いられたため、協調的な被用者代表制自体が全面的に否定されることになってしまった。そのため、ワグナー法上の排他的交渉代表が極めて被用者代表に近い性格を有していながら、使用者からの援助があれば不当労働行為たる支配介入に該当するとして否定されてしまうため、企業レベルに無理に敵対的労使関係を強制するような形となってしまった。

　日本でも1919年内務省が任意設置の労働委員会法案を作成し、1921年には協調会が強制設置の労働委員会法案を建議した。1929年には国会に産業委員会法案という形で提出されたこともあるが実現に至らず、戦時体制下で産業報国会という形で全国への設置が進んだ。

序章　団結と参加―労使関係システムの諸類型―

2 第二次大戦後の展開

　戦後も労働者代表制の旗艦はドイツである。1951年のモンタン共同決定法と1952年の事業所組織法が企業の意思決定機関への参加と事業所レベルの共同決定の枠組みを定めた。鉄鋼業と石炭業を対象とするモンタン法では、監督役会は労使同数プラス中立1名の奇数構成で、その被用者代表監督役が労務担当執行役を指名する。これに対し他産業に適用される事業所組織法では被用者代表を監督役会の3分の1にとどめた。事業所委員会の設置義務は5人以上事業所に拡大したが、DGBが求めた組合との連携保障は実現しなかった。

　1970年代にも社会民主党政権下で進展があった。1972年改正事業所組織法は分離主義の原則を維持しつつ労働組合との連携を法的に認めた。具体的には労組役員が事業所委員会と連絡するため企業内に立ち入る権利が認められ、事業所委員会委員が企業内で組合活動をすることも明記された。また1976年には被用者共同決定法が制定され、モンタン共同決定法よりも対象を大幅に拡大し、2,000人以上企業の監督役会を労使同数とした。もっとも議長は資本側なので厳密な意味での労使対等ではない。また労働者代表の選出にあたっては、職員代表中に管理職の代表を最低1名含める必要がある。さらに労務担当執行役は通常の任免とされ、モンタン法のような被用者代表ではない。なおシュレーダー政権下の2001年、事業所組織法改正で労働者と職員の区別が廃止された。

　オーストリアも戦後、事業所委員会と労働者会議所からなる独自の制度を復活させた。現在労働者会議所は各州に設置され、それが連邦労働者会議所を形成する。

　フランスは終戦直後の1945年のオルドナンスにより二者構成の企業委員会制度を設け、1946年法で50人以上企業に設置が義務付けられたが、労使対立の中で機能不全に陥った。五月革命後の1968年には上述のように50人以上企業に企業内組合代表が設けられ、企業レベルに「団結」型の労働組合と「参加」型の被用者代表および企業委員会が併存するというフランス型システムが形成された。ミッテラン政権下で制定された1982年のオルー法では、企業委員会の活性化を目指して経営に係る情報提供・協議義務を定

29

めた。こうして複雑化したフランスの労働者代表制は、その後絡み合って展開していき、2004年フィヨン法や2008年法では企業委員会や被用者代表の選挙結果により労働組合の過半数判定が行われるに至った。

ベルギーでは1948年経済組織法が50人以上企業に二者構成の企業協議会の設置を義務付け、1965年就業規則法が就業規則の作成変更を企業協議会の権限とした。またオランダでも1945年緊急勅令で企業協議会が設置され、1950年企業協議会法により二者構成機関として法制化されたが、1971年改正で労働者代表のみの機関となり、就業規則等の共同決定権を持つに至った。

イタリアでは1943年のブオッツィ＝マッツィーニ協定で内部委員会が設置されたが、「熱い秋」以後工場評議会運動が急進化し、1970年の労働者憲章法で経営内組合代表が規定された。しかし左翼衰退の中で1993年に労使総連合協定により統一組合代表が設けられた。マクロ協約でミクロ労使協議制を規定するという意味では北欧型コレクティブ・レッセフェールに近い。なお民主化したスペインでは、1980年労働者憲章法で企業委員会や職員代表が設けられたが、これらも団体交渉を行い協約を締結する権限が与えられており、フィヨン法以後のフランス法を先取りしているとも言える。

一方、マクロ的コレクティブ・レッセフェールの本家の北欧では、デンマークで1947年に25人以上企業に企業委員会を設置する中央協約が締結され、改正を経て今日に至っている。ところがスウェーデンは、1946年に企業協議会協約を締結し、1966年協約で協議事項に人事問題も加えるなどデンマーク型の道を進んでいたが、70年代にむしろ労働組合の権限という形で包括的な労使協議制度を立法化した。これは労働組合の団体交渉と企業協議会の情報提供・協議を一本化し、ローカル組合に強い共同決定権を与えるというもので、シングル・チャンネル方式の一つの極北と言える。

労働組合法制の先駆けであったイギリスは、労働者代表法制のしんがりである。第一次大戦中に始まり第二次大戦後強大化した職場委員（ショップ・スチュワード）は、もしイギリスが北欧のようなマクロ的コレクティブ・レッセフェールを実現しておればそのローカル部隊と位置付けられたであろう。しかし、統制のとれない職場委員運動は職場を無秩序化し、保守

党政権による労働法改革によってイギリスは労働組合の力が著しく弱体化した疑似レッセフェール状態に近づいた。そのイギリスに労働者代表制を局部的に持ち込んだのはEUの2002年労使協議指令であり、2004年被用者情報協議規則により、イギリスの労使関係システムは労働組合のみのシングル・チャンネル原則を離れ、一部労働者代表制を組み込んだ「シングル・チャンネル・プラス」と呼ばれるに至った。

さて、「参加」型社会の極北を実験したのが戦後ユーゴスラビアの自主管理社会主義である。1950年労働者企業自主管理基本法により、労働者が企業の基本計画や決算を承認する労働者評議会を選出する一方、企業長は上級機関の任命であった。1957年労働関係法では労働者の採用決定、労働関係規則、賃金規則の制定も労働者評議会の権限となり、1963年憲法では企業長の任命も労働者評議会の権限とした。しかし1980年代には経済危機に陥り、労働者自主管理が次第に解体されるとともに、1990年代には民族間紛争が勃発し、ユーゴスラビアという国自体が四分五裂していった。

協調的な被用者代表制が会社組合として否定されてしまうアメリカにおいて、それを超克する試みが行われたことがある。1993年に発足したクリントン政権はダンロップ委員会を設置し、1994年の報告書は支配介入禁止規定の見直しを提起した。クリントン政権は組合の反対から法改正を提起しなかったが、野党の共和党から1995年チーム法案が提出された。同法案は可決されたが、クリントン大統領が拒否権を行使したため成立に至らなかった。

戦後日本では労働運動の高揚とともに経営協議会が続々と設置され、1946年には中労委が経営協議会指針を示した。しかし占領政策の転換とともに下火になり、1955年日本生産性本部の設立とともに再び労使協議制が広まっていった。しかし今日まで立法化の動きはない。一方、1947年労働基準法で導入された過半数代表制は次第に拡大していったが、なお従業員代表制としての実態に欠けている。近年労働契約法や非正規労働者の処遇問題に関連して集団的労使関係システムへの関心が高まってきており、2013年のJILPT研究会報告（『様々な雇用形態にある者を含む労働者全体の意見集約のための集団的労使関係法制に関する研究会報告書』）は新たな従業員代表制の整

備をも提起している。

　一方、韓国では、朴正熙政権時の1963年改正労働組合法に労使協議会規定が設けられ、労使協議会にも団体交渉権が認められた。維新体制下の1973年改正労働組合法では労働組合と労使協議会の区分を明確にして労使協議会の団体交渉権は削除され、労使協助と生産性向上が目的とされた。全斗煥政権下の1980年には企業内協調的労使関係の促進のため、労働組合法から労使協議会法を独立させた。民主化宣言後の1987年改正労使協議会法では労働者委員への便宜供与を規定するとともに、不利益処分を禁止した。金泳三政権下の1997年改正で労使協議会法は労働者参加・協力増進法と改称され、議決事項に合意できなかったときの仲裁規定が設けられた。

第1章	ドイツ －第三次メルケル政権下における 集団的労使関係法政策－

山本　陽大

第1節　はじめに[1]

　本章では、**序章**において取り上げられた諸外国のなかでもドイツに
フォーカスし、同国における集団的労使関係システムをめぐる最近の立法
政策上の動向について、分析・検討を行う。

　我が国においてもよく知られているように、ドイツにおける集団的労使
関係は、いわゆる二元的労使関係システムとして構成されている。すなわ
ち、ドイツにおいてはまず、産業レベルにおいて労使関係が存在しており、
ここでは労働者側の代表である労働組合と、使用者側の代表である使用者団
体の間で、協約交渉（団体交渉）が行われ、労働協約が締結される（以下、
労働協約システム）。また、これと並んでドイツでは、各企業の事業所レベ
ルにおいても労使関係が存在しており、ここでは当該事業所における全従業
員による選挙を通じて選ばれた事業所委員会（Betriebsrat）が労働者側の代
表となり、当該企業主たる使用者と、当該事業所における労働条件等につい
て共同決定を行う（以下、従業員代表システム）。要するに、ドイツにおい
ては、産業レベルと事業所レベルという2つのレベルにおいて、労働者利
益代表の担い手が存在しており、使用者側との団体交渉や共同決定という形
で、労働条件等の決定プロセスに参加しうるシステムとなっている（**序章**
にいう「第一の団結－参加組み合わせモデル」である。）。

　そしてこのうち、労働協約システムについては労働協約法が、また従業
員代表システムについては事業所組織法が、それぞれの法的基盤を成して
いるのであるが、**序章**においても指摘されていたように、労働協約法につい
ては1949年の立法当初から長らく、その内容について本質的な改正は行わ

れてこなかった。また、事業所組織法についても、シュレーダー政権下における2001年改正以降は、大きな改正を経験してこなかったといえる[2]。

しかし、現在では、かかる状況は一変している。なんとなれば、2013年12月に連邦議会において、キリスト教民主社会同盟（CDU/CSU）と社会民主党（SPD）による大連立政権（第三次メルケル政権）が発足して以降、ドイツでは集団的労使関係システムをめぐる立法政策が、ここ数年の間に、立て続けに打ち出されているからである。このうち、労働協約システムにかかわるものとして、2014年8月の協約自治強化法および2015年5月の協約単一法を、また労働協約システムと従業員代表システムの双方にかかわるものとして、2016年10月の労働者派遣法改正を挙げることができよう。そして更に、ドイツにおいては2015年以降、いわゆる経済のデジタル化が働き方についていかなる変化をもたらすのか、またそれに伴っていかなる労働（法）政策上の検討課題が浮上するのかといった問題をめぐる議論（"労働4.0〔Arbeiten 4.0〕"）が高まりをみせているが、かかる文脈のなかでも、集団的労使関係システムをめぐり様々な立法政策上のアプローチが提案されている状況にある。

もとより、日本とドイツとでは、集団的労使関係の基本構造からして大きく異なるが、我が国においても、「集団的労使関係の再構築」というテーマが「今後の基本的な政策課題として認識されつつある」[3]なかでは、上記のドイツにおける一連の立法政策（ないしその提案）についてフォローしておくことは、基礎的な研究課題として価値が認められえよう。かくして、本章の目的は、第三次メルケル政権下において実施ないし提案されている上記・各法政策について、その背景をも探りつつ検討を行うことで、ドイツにおける集団的労使関係法政策の現在を描き出すことにある。

第2節　集団的労使関係システムの基本構造

　かかる検討に先立ち、以下では差し当たり、ドイツにおける集団的労使関係システムについて、それぞれの基本構造を確認しておこう（なお、巻末の【付録】においては、日本・ドイツ・フランスの集団的労使関係システムを比較した表を掲載してあるので、そちらも併せて参照されたい。）。

1 労働協約システム[4]

(1) 労働協約法制

　ドイツにおいては、労働協約システムにおけるアクターとなる労働組合の存立および活動というのは、いわゆる団結の自由（団結権）を保障する基本法9条3項によって、憲法レベルで保障されている[5]。とりわけ、労働組合が使用者（団体）と労働協約を締結し労働条件を規整するという意味での協約自治（Tarifautonomie）については、かかる基本法9条3項によって保護される活動のなかでも最も中核的なものとして位置付けられていることから、国家は協約自治が実効的に機能するよう、労働協約システムを整備すべき義務を負うと解されている。かかる憲法上の要請に基づいて定められているのが、労働協約法（Tarifvertragsgesetz）である。

　同法の内容を簡単にみておくと、ドイツ労働協約法は、まず2条1項において労働協約の締結当事者として、労働組合、個別使用者および使用者団体を挙げている。従って、ドイツでは労働協約は、労働組合−個別使用者間、または労働組合−使用者団体間において締結されうる。ただし、このうち労働組合側に関しては、労働協約を締結するためには、いわゆる「協約締結能力（Tariffähigkeit）」を備える必要があると解されている点には、注意を要しよう。これは、ドイツにおいて労働協約が、労働協約法上も労働条件等を定める法規範（Rechtsnormen）とされていることから（同法1条1項）、その内容の正当性（Richtigkeit）を担保するために、判例上形成されてきたルールである。具体的には、労働組合は、①民主的組織であること、②社会的実力（sozial Mächtigkeit）を備えていること、③協約締結意思を有していること、④現行の労働協約制度を承認していること、という4つの要件を充

たさなければならない[6]。なかでも、②の社会的実力の要件は、協約交渉において使用者側に対して圧力を行使することができ、かつ締結された労働協約を実施するための十分な資金力や人的・物的設備を備えていることを、労働組合に要求するものである。これによって、ドイツにおいては、例えば組織規模が小さく交渉力が脆弱な労働組合には、そもそも協約締結権限は認められないこととなっている。

　次に、労働協約の締結交渉（協約交渉）についてみると、ドイツでは協約自治（基本法9条3項）の尊重という観点から、協約交渉に関する法規制は存在しない。連邦労働裁判所（BAG）も、相手方に対して、協約交渉の開始・継続を義務付けるという意味での交渉請求権を否定している[7]。そのため、ドイツにおける協約交渉の形態は、専ら交渉当事者間での自治に委ねられている[8]。

　かかる協約交渉を経て、労働協約が締結された場合には、労働協約法3条1項および4条1項により、当該協約を締結した労働組合に加入している組合員のみが、その直接的な適用を受けることとなる（また、使用者側の締結当事者が使用者団体である場合には、当該使用者団体に加盟している企業のみが、労働協約の適用を受ける。）。言い換えれば、ドイツにおいては、非組合員に対しては労働協約は直ちには適用されない。ただし、ある労働協約が、一定の要件を充たす場合には、労・使それぞれのナショナル・センターからの代表者3名で構成される協約委員会の同意を得て、連邦労働社会省（BMAS）が一般的拘束力宣言（Allgemeinverbindlicherklärung）を行うことで、当該協約はその適用範囲内にある非組合員に対しても、直接的に適用されることとなる（労働協約法5条）。そして、上記にいう一定の要件として、従来は、①当該協約の締結当事者による共同申請があること、②当該協約に拘束される使用者が、当該協約の適用範囲内にある労働者の50%以上を雇用していること（50%基準）、および③一般的拘束力宣言が公共の利益のために必要であると思慮されることの3つが求められてきたが、このうち②の要件については、2014年協約自治強化法によって現在では削除されている。この点の詳細は、**第3節**以下において、改めて検討することとしたい。

　なお、ドイツにおいては労働協約法4条3項後段により、いわゆる有利

原則（Günstigkeitsprinzip）が認められていることから、労働協約の適用を受けていても、個別の労働契約等によって労働協約が定める水準よりも有利な労働条件を合意することが可能となっている。また、いわゆる余後効（Nachwirkung）についても、同法4条5項において明文をもって規定されており、これによって、労働協約の有効期間満了後も新たな労働協約等が締結されるまでは、従前の労働協約の内容が引き続き適用されることとなっている。

(2) 産業別労働協約システムの形成と機能

　このような法的枠組みを前提に、ドイツにおいては伝統的に、産業別に組織された労働組合および使用者団体が、労働協約システムにおいて中核的な役割を果たしてきた。これは、労働組合のナショナル・センターであるドイツ労働総同盟（DGB）が、戦後、労働組合の再建に当たって、いわゆる「産業別組織原則（Industrieverbandsprinzip）」に従い、1つの産業分野を管轄する労働組合を1つに限ることで、組合組織力の強化を図り、またこれに対応する形で、使用者団体も産業別に組織されていったという歴史的経緯によるものである[9]。現在でも、DGBに加盟している8の産業別労働組合、および使用者団体のナショナル・センターであるドイツ使用者団体連合（BDA）に加盟している50の業種別使用者団体が、ドイツの労働協約システムにおける主要なアクターとなっている。

　そしてこのために、ドイツにおいては協約交渉も、産別組合－使用者団体間で各産業分野ごとに全国または一定地域を締結単位として行われ、従ってまた、労働協約も産業別労働協約として締結されてきた[10]。かかる産別協約は、締結単位内において企業横断的に適用される広域協約（Flächentarifvertrag）であることに加え、(1)でみたように労働協約法が有利原則を認めていることと相まって、当該産業分野において、広く最低労働条件を定立する機能を果たしてきた（労働協約の保護機能）。これはまた、使用者の側にしてみれば、市場における労働条件の引下げという形での競争が排除され、競争条件が同一化されることをも意味するものであったといえる（労働協約の秩序〔カルテル〕機能）。

37

2 従業員代表システム[11]

　一方、ドイツにおいては、上記でみた産業レベルでの労使関係（労働協約システム）と並んで、各企業の事業所レベルにおいても労使関係（従業員代表システム）が存在している。ここでのアクターは、従業員代表機関たる事業所委員会と使用者であり、その間の営みは、事業所組織法（Betriebsverfassungsgesetz）によって網羅的に規律されている。ここでは、以下での検討に必要な限りにおいて、ドイツにおける従業員代表システムの概要を示しておこう。

　この点につき、まず事業所委員会は、常時5名以上の選挙権を有する労働者（満18歳以上のすべての労働者）を雇用し、そのうちの3名が被選挙権を有している労働者（勤続6ヵ月以上であるすべての労働者）である事業所において、事業所委員会選挙手続を実施することで、設置される（事業所組織法1条、7条1文、8条1項1文）。選挙手続は、事業所組織法第二部第一章（7条〜20条）において網羅的に規律されている。直近では、2001年の同法改正時に、事業所委員会設置率の向上を狙って、従業員数50人以下の小規模事業所では、簡略化された手続[12]によって事業所委員会選挙の実施が可能となる等、選挙規定についても様々な改正が行われている。

　かくして、選出された事業所委員会は、当該事業所に適用されている各種規範（法令・労働協約・事業所協定等）のモニタリング（80条1項1号）や労働者からの苦情処理（85条）等、広範にわたる任務を負うが、事業所委員会の活動のなかで最も重要であるのは、当該事業所内の労働条件等について、使用者と共同決定（Mitbestimmung）を行い、事業所協定（Betriebsvereinbarung）を締結することにある。特に、多種多様な事業所内労働条件のなかでも、事業所組織法87条1項が定めるいわゆる社会的事項（事業所秩序に関する問題、労働時間の配分、賃金支払方法、休暇計画等）については、事業所委員会には同意権としての共同決定権が認められており、使用者は一方的決定をなしえないこととなっている。かかる共同決定を経て、締結された事業所協定は、当該事業所におけるすべての労働者に対して、直接的に適用されることとなる（77条4項1文）。

　このような事業所委員会の一連の活動について、それにかかる費用はすべ

て使用者負担となっている（40条1項）。また、使用者は、事業所委員会の会議や日常的業務等の遂行のために、必要な範囲内で、部屋、物品、情報・通信機器等を提供しなければならない（同条2項）。更に、事業所委員会はその任務を遂行するために、適時かつ包括的に使用者から情報提供を受けることができ、必要な限りにおいて、事業所内外の専門家の協力を得ることができる（80条2項・3項）。翻って、事業所委員会の活動に対する妨害行為や不利益取り扱いは、刑罰をもって禁止されている（119条1項）。

　なお、ドイツの二元的労使関係システムの下では、労働組合と事業所委員会は、同じく労働者利益を代表する存在でありながら、その法的性格を峻別されている。すなわち、労働組合は労働者個々人の自発的な加入意思に基づいて結成される団結体であるのに対して、事業所委員会は、このような労働者の加入意思を問題とせず、事業所に所属している労働者全体を、当該事業所内における民主的選挙を通じて、自動的に代表する従業員代表機関である。そして、これら両者の関係性について、ドイツでは基本法9条3項により憲法レベルにおいて労働組合こそが労働者利益代表の中心に位置付けられていることから、事業所委員会が労働組合の地位を侵食することのないよう、事業所組織法上も様々なルールによって労働組合の優位性が担保されている。なかでも、最も重要であるのが、事業所組織法77条3項1文が定める協約優位原則（Tarifvorrangsprinzip）であり[13]、これによって、労働協約が既に規整している（あるいは、協約によって規整されるのが通常である）労働条件について事業所協定を締結することは、当該協約自体がそのことを認める規定（開放条項〔Öffenungsklausel〕）を置いていない限り、許されないこととなっている。また、このほか、当該事業所において1人以上の組合員を擁している労働組合（代表的労働組合）には、事業所委員会の活動について、様々な形で支援や監督を行う権限が認められている。例えば、代表的組合には、事業所委員会を新設する場合に、選挙手続を主導する権限が認められている（17条3項等）。

　このようにみてゆくと、ドイツ二元的労使関係システムにおいて、従業員代表システムは、労働協約システム（なかんずく、労働組合）の優位性を前提に、その支援や監督を受けつつ展開されることが法制度上期待されて

いるといえる。実際にも、事業所委員会委員の7割強は、産業別労働組合の組合員でもあることから、ドイツにおける事業所委員会は機能的にみると企業別組合支部としての役割を果たしているのがその実態となっている[14]。

第3節　1990年以降における変容

　それでは、このようなドイツの二元的労使関係システムに対して、なぜ本章で取り上げる種々の立法政策が必要とされたのであろうか。ここでは、その背景を探る意味で、とりわけ、1990年以降における各システムの変容過程を追うこととしたい[15]。

■1 労働協約システム[16]

　ドイツにおいて、戦後、産業別労働協約を中核に据えた労働協約システムが形成されてきた様相については、既に第2節■1（2）でみた通りであるが、かかるシステムの下、従来のドイツにおいては、労働組合および使用者団体ともに比較的高い組織率を保持しており、また、法定の要件の下で非組合員に対しても協約を直接的に適用することを可能とする一般的拘束力宣言制度も一定程度利用されてきたことから、ドイツの産別協約は、伝統的に非常に高いカバー率を誇っていた。

　またそれと同時に、DGBが採る産業別組織原則は、1つの事業所に適用される労働協約を、当該事業所が属する産業分野の産別協約に限定する機能をも果たしてきた（一事業所一協約）。もし仮に、DGB系の産別組合と他の労働組合との間で管轄の競合が発生したとしても、かかる競合組合が組織規模の小さい交渉力が脆弱な組合である場合には、判例上、その協約締結能力（第2節■1（1）を参照。）は否定されることとなるし、仮に1つの事業所において複数の協約が併存するに至った場合（複数協約状態）であっても、BAGの判例は従来、協約単一原則（Prinzip der Tarifeinheit）と呼ばれるルールを適用していた。これは、複数協約状態が発生した場合に、少数組合との締結にかかる労働協約については当該事業所における適用を排除することを

認めるものである。これはまさに、一事業所において多数組合となるのが通常であるDGB系の産別組合（および産別協約）に対して優位な地位を認める方向へ作用するものであった。このように、ドイツにおける一事業所一協約は、これらの判例法理によって法的にも支えられたものとなっていた。

かくして、産別協約を中核に据えたドイツの労働協約システムには、「高い協約カバー率」および「一事業所一協約」という2つの柱によって、極めて高い安定性がもたらされてきたといえよう。しかし、このようなドイツ労働協約システムの伝統的な姿は、今日においてはもはや、そのまま妥当しているものとみることはできない。既に我が国においても指摘されているように、1990年以降、ドイツの労働協約システムには弱体化の傾向がみられるようになる[17]。いわゆる「ドイツ産別協約の危機（ないし動揺）」として論じられてきた問題である。

(1) 協約カバー率の低下

このうち、特に深刻であったのは、産別協約のカバー率の著しい低下である。この点につき、統計[18]によれば、旧西ドイツ地域において産別協約によってカバーされている労働者の割合は、1996年時点では全体の69%を維持していたのが、2016年には51%にまで落ち込んでいる。また、旧東ドイツ地域はより顕著であって、1996年時点では56%あったカバー率が、2016年には36%にまで落ち込んでいるのである。

その理由としてまず挙げられるのは、労働組合の側における組織率の低下である。組合組織率の低下は日本を含めてドイツ以外においてもみられる現象であるが、とりわけドイツは、1990年代における東西ドイツ統一後の旧東ドイツ地域での景気低迷と雇用減少、EU統合による周辺諸国からの外国人労働力の流入、2000年代前半における労働市場改革（いわゆるハルツ改革）による非正規労働者の増加といったような固有の要因を抱えていた。それによって、DGB傘下の産別組合だけでいえば、1991年の時点で1,000万人を超えていた組合員数は、2016年には約605万人にまで減少してしまっている[19]。

またその一方で、使用者団体の側においても、産別協約の適用を受けるこ

とを嫌って使用者団体から脱退したり、あるいは使用者団体には加盟するものの「協約に拘束されないメンバー資格（OTメンバー資格）」を選択する企業が増加しているという意味での「協約からの逃避（Tarifflucht）」現象[20]が生じており、このことも協約カバー率の低下に拍車をかけた[21]。

更に、かかる使用者団体側の協約カバー率が低下した結果、一般的拘束力宣言の要件が充たせなくなり、一般的拘束力宣言を受ける労働協約数が減少していることもまた、見逃されてはならない[22]。既に**第2節 1**（1）でみたように、従来、労働協約に対し一般的拘束力宣言が行われるためには、50%基準という使用者側の協約カバー率を指標とした形での実体的要件が課されていたわけであるが、上記のように協約から逃避する企業が増えるなかでは、かかる50%基準要件を充たすことができない場面が生じるようになったのである。

かくして、1990年以降のドイツでは、産別協約のカバー率が年々低下の一途をたどることとなり、それによって、協約による保護を受けず、低賃金で就労する労働者層が拡大する状況が生じていたのであった。

(2)「一事業所一協約」の動揺

一方、従来のドイツ労働協約システムの安定性を支えるもう1つの重要な支柱であった「一事業所一協約」にも、2000年以降重要な変化が生じていた。その契機となったのが、いわゆる専門職労働組合（Spartengewerkschaft）の台頭[23]である。

ドイツにおいては、比較的古くから、パイロットや機関士、あるいは医師等の一定の高度な専門職についている労働者層によって結成された専門職組合が存在する。これらの組合は、従来はDGB系の産別組合といわゆる協約共同体（Tarifgemeinschaft）を形成しており、共同して協約交渉に当たっていたのであるが、2000年に入ると、これらの専門職組合が、従来の産別組合との協調路線から転換し、独自の協約政策を展開する動きがみられるようになった。

このような専門職集団として形成された労働組合は、組合員数自体は必ずしも多くはないものの、当該専門職労働者層内における組織率は高く、ス

トライキの際に代替要員の確保が困難となる点で、使用者側に対し、強い交渉力を持っている点に特徴がある。また、BAGの判例にも、かかる特徴に着目する形で、専門職組合について、協約締結能力（特に社会的実力）を認めるものが現れた[24]。そして、このような状況の下では、1つの事業所において、労働者の多数が加盟する産別組合が締結した労働協約と、少数の専門職労働者のみが加盟する専門職組合が締結した労働協約とが併存する状況（複数協約状態）が生じうることとなった。

　ただ、そのような状況下にあっても、先ほどみた複数協約状態に関して協約単一原則を適用する判例法理が維持されていた限りにおいては、問題は限定的であったといえる。なぜなら、仮に1つの事業所において、DGB系産別組合の締結にかかる協約と、専門職組合の締結にかかる協約とが併存するに至ったとしても、協約単一原則によれば、当該事業所において多数の労働者を組織している場合が多い産別組合の協約のほうが優先して適用され、少数の専門職労働者しか組織していない専門職組合の協約については、その適用を排除される可能性が高かったためである。

　しかしながら、この間のドイツの学説においては、かかる複数協約時における協約単一原則の適用は、当該事業所における協約の適用を排除される少数組合の団結の自由等を侵害するものとして、基本法9条3項に反し違憲であるとの立場が多数[25]を占めるようになる。そして、ついにはBAG自身も2010年の一連の判決[26]によって、かかる学説の指摘を摂取する形で、従来の判例を変更し、複数協約時における協約単一原則の適用を放棄するに至った。

　かくして、専門職組合にとってみれば自らが締結した協約適用の途が開かれ、その独自の協約政策のための法的なくびきから完全に解放されることとなったといえる。しかし、このことは同時に、一事業所一協約という従来の労働協約システムにおけるもう1つの支柱が、大きく揺らぐことをも意味するものであった。また、このような動きのなかで、最近ではドイツ機関士組合（GDL）のような交通・運輸系の専門職組合が、協約締結に向けて頻繁に（時には大規模な）ストライキを行うようになっており、それに伴って市民生活にも大きな影響が生じるようになっていた。

2 従業員代表システム

　一方、従業員代表システムについても、（労働協約システムにおけるほどドラスティックではないにせよ）一定の変化がみられるようになっており、とりわけ本章における検討対象との関係で重要であるのは、事業所委員会の設置率が低下し、事業所委員会が存在しない事業所が拡大しているという事態である。

　この点、統計[27]をみると、旧西ドイツ地域において事業所委員会が設置されている事業所で就労する労働者の割合は、1993年の時点では全体の51%であったのが、2003年以降になると50%を下回るようになり、2016年には43%にまで低下していることがわかる。旧東ドイツ地域だと、かかる割合は2016年で34%と、いっそう低い値となっている。また、事業所規模別でみると、従業員501人以上の大規模事業所だと、事業所委員会が設置されている事業所で就労する労働者の割合は約9割を維持しているのに対し、従業員100名〜51名の事業所だとかかる割合は36%にまで低下し、更に従業員50人以下の小規模事業所においてはわずか8%にとどまっている（いずれも旧西ドイツ地域）。これは、産業分野でいえば、自動車・金属・化学のような大規模事業所が多い産業においては高い設置率が維持されている一方で、飲食業や建設業などのように中・小規模の企業が多い産業分野においては、設置率は相当に低いことを示している。

　このように、事業所委員会の設置率が低下している背景の1つには、これまで事業所委員会が無かった事業所へこれを新たに設置することが困難となりつつあるという事情があり、特にこのことには、**1**（1）でみた労働組合組織率の低下が影響を及ぼしている。すなわち、ドイツでは、事業所組織法上、事業所へ事業所委員会を新たに設置する場合には、代表的労働組合に対して、選挙手続を主導する権利が認められているところ（**第2節 2**を参照。）、組合組織率が年々低下するなかでは、それに伴って、かかる主導権にとっての要件となる事業所内での代表性を獲得（すなわち、当該事業所における1名以上の組合員の組織化）できる場面も年々減少してしまっているという事情がある。

　またこのほか、従業員数が少ない小規模事業所においては、事業所組織法

による禁止にもかかわらず、使用者側が事業所委員会選挙手続を妨害することで[28]、事業所委員会の新設が困難となる例も散見されるようである。

第4節　2014年協約自治強化法

　以上、**第3節**で検討したところによれば、1990年以降におけるドイツ集団的労使関係システムの変容は、労働協約システムにつき、産別協約のカバー率の低下（および、それに伴う低賃金労働者層の増加）および一事業所一協約の動揺（＝協約交渉・協約適用の複線化）という形で、また従業員代表システムにつき、事業所委員会設置率の低下という形で生じたものと整理することができよう。

　その上で、2013年12月に第三次メルケル政権が発足して以降のドイツにおいては、これらのうち、まずは労働協約システムが抱える問題について、2014年の協約自治強化法および2015年の協約単一法によって法政策的対応が図られている。冒頭で述べた通り、ドイツにおける現政権は、CDU/CSUとSPDとの大連立政権であるが、かかる政権発足に先立ち、2013年11月にCDU/CSU－SPD間で締結された連立協定（Koalitionsvertrag）のなかでは、「良質な雇用（Gute Arbeit）」を表題とする第二章第二節において、多岐にわたる立法政策上の提案が行われていた。ここでいう「良質な雇用」の概念は、もともとは労働組合のスローガンとして掲げられていたものであるが、基本的には国際労働機関（ILO）が提唱するディーセント・ワーク（働きがいのある人間らしい仕事）と同義であると捉えられてよい[29]。そして、上記の法律はいずれも、このような意味での「良質な雇用」の実現に向けた各法政策上の提案を具体化したものであった[30]。

　本節では、上記のうちまずは協約自治強化法を取り上げ、そのなかで定められた各法政策の内容、およびそれらをめぐるドイツにおける議論状況において、検討を行うこととしたい[31]。2014年8月11日に成立をみた「協約自治強化のための法律（協約自治強化法〔Tarifautonomiestärkungsgesetz〕）」は、いわゆる条項法（＝法規の新設および既存の法規の改正を一括して規定

45

する法律）であるが、そのなかで定められていたのは、一般的拘束力宣言制度の改正（同法第五章）と、法定最低賃金制度の導入（＝最低賃金法の制定〔同法第一章〕）であった。

1 一般的拘束力宣言制度の改革

産別協約カバー率の低下問題への対処として、ドイツにおいて差し当たり論じられたのは、一般的拘束力宣言制度の改革であった[32]。すなわち、**第3節 1（1）**でみたように、使用者団体内における組織率の低下およびOTメンバー加盟企業の増加に影響を受け、一般的拘束力宣言を受ける労働協約数が低下しているなかでは、協約カバー率を回復するための手段としての一般的拘束力宣言制度の見直しが論じられることとなったのである。

そして、先ほどのCDU/CSU－SPD間における連立協定のなかでは、まさにかかる議論を摂取する形での提案が行われたことから、これを具体化した協約自治強化法に基づいて、労働協約法5条が改正されることとなる。具体的には、従来、一般的拘束力宣言のための実体的要件の1つとされていた50％基準が廃止され、「公共の利益にとって必要と思慮される場合」という要件のみが残されることとなった（新5条1項）。またそれに続けて、通常これに該当する場合として「労働協約がその適用範囲内において、労働条件決定にとって、主たる役割（überwiegend Bedeutung）を担っている場合」（1号）、および「誤った経済発展に対する協約上の規範設定の有効性を確保するために、一般的拘束力宣言が必要とされる場合」（2号）が、新たに明記されている。

かくして、第三次メルケル政権下においては、まずは一般的拘束力宣言を受けている労働協約数の減少が、協約カバー率低下の一因となっている現状を認識した上で、これに歯止めをかけるために、その実体的要件の緩和という形での法政策的対応が図られたものといえよう。

2 法定最低賃金制度[33] の導入

（1）議論の経緯

もっとも、協約カバー率の低下がもたらす問題は、ひとり一般的拘束力

宣言制度（労働協約法5条）の改正（要件緩和）によって解決できたわけではなかった。なぜならば、一般的拘束力宣言制度は、いうまでもなく労働協約が存在することを大前提として、法定の要件を充足する場合に、その適用範囲内にいる未組織の労働者（非組合員）に対しても当該協約の拡張適用を可能とするものであるからである。言い換えれば、そもそも労働協約が存在しないところにおける労働者層については、同制度をもってしてはこれをカバーすることはできない。

　このように労働協約によってはカバーしえない領域を指して、ドイツでは「白い斑点（weißen Flecken）」と称されているのであるが、具体的には飲食業や旅館業、畜肉業、理容業等において、これに該当するところが多いとされる。そして、とりわけこれらの分野においては、EU市場統合の深化に伴って外国人労働者が流入し、賃金引下げ圧力にさらされたことや、2000年代初頭のハルツ改革によって増加した非正規労働者（特に、いわゆるミニ・ジョブ就労者）が多く就労していること等の事情と相まって、低賃金で就労する労働者層が拡大するに至ったのである[34]。

　その結果、ドイツにおいては、労働協約によって保護することが困難な労働者層に対する最低労働条件の保障が、重要な法政策上の課題となるに至り、また2013年9月の連邦議会選挙においても中心的な争点となった。ドイツにおいては、法定最低賃金制度をめぐる議論は、食品・飲料・旅館業労働組合（NGG）によって初めて提起され、その後2006年になるとDGBも全国一律の法定最低賃金を導入すべきことを主張するようになるのであるが、比較的早い時期から法定最低賃金制度の導入を公約に掲げていたSPDが、上記・選挙の結果、第一党であるCDU/CSUとの大連立の相手方となったことが決定的な契機となり、その連立協定のなかで、法定最低賃金制度の導入が明記された[35]。

　以上のような経緯を経て、2014年協約自治強化法に基づき、新たに「一般的最低賃金規制に関する法律（最低賃金法〔Mindestlohngesetz〕）」が制定された。かかる最低賃金法に基づいて、2015年1月1日以降、ドイツにとっては初めてとなる全国（連邦）一律に適用される法定最低賃金制度が施行されている。当時のドイツ連邦政府は、同制度によって、約370万人の労働者

が直接に利益を受けることになるとの試算を行っていた[36]。

(2) 制度概要

　それでは、かかる最低賃金法により導入された法定最低賃金制度の概要を
みておこう。

　同法によればまず、2015年1月1日以降、ドイツにおいて労働者を雇用す
るすべての使用者は、法定の最低賃金額以上の賃金を支払わねばならない
(1条および20条)。法定の最低賃金額を下回る賃金を定める労働契約は、そ
の限りにおいて無効となる (3条)。また、最低賃金規制に違反した使用者
に対しては罰則が予定されており、とりわけ最低賃金額の不払いに対しては
500,000ユーロ以下の過料が科されることとなっている (21条1項および3項)。
かかる取締りの主体は税関 (Zoll) であり (14条以下)、なかでも不法就労
財務監督局 (FKS) がその実務を担当している[37]。

　次に、最低賃金の額についてみると、まずは2015年1月1日から2016年
12月31日までは、1時間当たり8.50ユーロとされた。またそれ以降について
は、連邦政府に設置される最低賃金委員会 (Mindestlohnkommission) にお
いて、2年ごとに最低賃金額に関する審議が行われることとなっている (9
条1項)。従って、2017年1月が最低賃金額の第一回目の見直し時期に当たり、
この点については上記・委員会の2016年6月の決議によって、2017年1月1
日以降の最低賃金額が1時間当たり8.84ユーロに引き上げられている[38]。か
かる最低賃金委員会は、委員長に加え、6名の議決権を有する委員と、2名
の学識者委員 (議決権なし) から構成される (5条、6条および7条)。各委
員の任期は、5年である (4条2項)。委員長を含めて、これらの委員の任命
権自体は連邦政府にあるが、その人選については、労働組合および使用者団
体のナショナル・センターに提案権が認められている。

　かくして組織された最低賃金委員会は、最低賃金額の審議に際しては、①
労働者にとって必要な最低限度の保護に寄与し、②公正かつ機能的な競争
条件を可能とし、かつ③雇用を危殆化させないために、いかなる額の最低
賃金が適切かを、総合的に勘案しなければならない (同条2項)。また、④
協約上の動向 (Tarifentwicklung) をも考慮する必要がある。このような審

議を経て、決議が行われる場合、かかる決議は議決権を有する委員の過半数を定足数とし、出席委員での多数決によって行われる（10条1項および2項）。また、最低賃金委員会は、決議に先立って、労・使のナショナル・センター等の関係者に、意見聴取を行うことが可能である（同条3項）。最低賃金委員会で決議が行われ、新たな最低賃金額が提案された場合、連邦政府が法規命令を発することで、当該最低賃金額が使用者に対して新たに拘束力を持つこととなる（11条1項）。

　その上で、実際に最低賃金の引上げ（率）を決定するに当たっては、上記の考慮要素のなかでも、④の協約上の動向、すなわち過去2年間における協約上の賃上げ率の平均を第一次的な基準とするというのが、実務上の取り扱いとなっている（最低賃金委員会業務規則3条1項以下）。これは、結局のところ協約締結当事者（労働組合・使用者〔団体〕）が協約交渉・締結を行う際にも、上記・①～③の要素は考慮されているとの考え方に基づくものであり[39]、先ほどみた2017年1月以降の最低賃金額の決定に当たっても、2015年1月～2016年6月までの協約賃上げ率の平均である4.0%が、そのまま最低賃金額の引上げ率として採用されている（8.50ユーロ＋〔8.50ユーロ×4.0%〕＝8.84ユーロ）。

　なお、今回の最低賃金法では、2017年12月31日までは、一定の労働協約については法定最低賃金額を下回ることが認められている（24条）。もっとも、これはあくまで経過措置にすぎず、2018年1月1日以降については、労働協約であろうとも、最低賃金法が定める最低賃金額を下回ることは認められない。このことは、当該協約が一般的拘束力宣言（労働協約法5条）を受けていたとしても同様である（1条3項）。ドイツにおいては、国家が法律によって労働条件規整を行う際にも、労働協約であれば当該法律が定める労働条件水準から逸脱することを認めるルール（いわゆる「協約に開かれた法規（＝協約逸脱規定）」[40]）が併置されることが多いが、今回の最低賃金法においては、そのような選択はなされなかったということである。

(3) 法定最低賃金制度と協約自治

　ところで、このような法定最低賃金制度の導入は「協約自治強化法」の名

の下に行われたものであるが、その一方でドイツにおいては、まさにかか
る協約自治を保障する基本法9条3項との関係で、法定最低賃金制度の合憲
性について議論が提起されている[41]。ここでは、協約自治への介入という観
点から、かかる議論状況について追ってみることとしよう。

　この点につき、実はドイツにおいてはこれまでにも、一定の産業分野に
関しては、労働者送出法（Arbeitnehmer-Entsendegesetz）等に基づいて、
最低賃金制度が整備されていた[42]。もっとも、これらはあくまで労働協約を
ツールとしてこれを拡張適用するという手法によるものであって、その限り
では協約自治との整合性が保たれていたといえる。これに対して、（2）で
みた通り、2015年1月以降施行されている新たな最低賃金法は、労働協約を
もはやツールとしては用いることなく、あくまで国家法によって、かつ産業
分野にかかわらず全国一律という形で最低賃金を定めることとなっている点
で、従来とは決定的に異なる手法を採るものとなっている。

　とはいえ、このような全国一律の法定最低賃金制度も、なお協約自治と無
関係なものとして制度設計がなされているわけではない。すなわち、今回の
最低賃金法の下でも、その金額を決定する最低賃金委員会の委員の人選につ
いては、労働組合・使用者団体のナショナル・センターに提案権が認めら
れているし、また最低賃金額の審議に当たり最低賃金委員会は協約上の動向
にも従うこととされている。そして、実際には、かかる協約上の動向（＝過
去における協約賃金の引上げ率の平均）こそが、最低賃金額の改定に当たっ
て決定的に重要なファクターとなっていることは、既に（2）で指摘した通
りである。かくして、新たな最低賃金法の下においても、協約自治には一定
の存在意義が認められているといって差し支えはないであろう。

　にもかかわらず、ドイツにおいて、協約自治との関係で最低賃金法の合
憲性につき議論があるのは、同法が協約逸脱規定を置いていない点、すなわ
ち経過措置が終了する2018年1月1日以降については、たとえ労働協約とい
えども法定の最低賃金額を下回る賃金額を定めることが不可能となっている
ことによる。そして、ドイツにおいては、基本法上、国家にも労働条件規
整に関する立法権限が認められつつも（74条1項12号）、9条3項により協約
締結当事者（労働組合・使用者団体）には、協約自治という形をもって労働

50

条件規整を行うことについての優先権（Regelungsprärogative）があると解されていることから[43]、上記のような形での最低賃金の法的規制が、協約自治を保障する基本法9条3項に対する過剰な介入であり、従って違憲ではないのかという点が問われることとなったのである。

この点につき、日本においてもよく知られているように、ドイツにおいて協約自治にかかわって立法的規制が行われる場合には、まず当該規制が介入に当たるかどうか（介入該当性）、また介入に当たる場合には、正当な目的が存在するかどうか（正当化事由）、そして介入の程度が相当な範囲内にあるか（比例相当性）、という3段階での審査が行われることとなっている。このうちまず、一段階目の、最低賃金法が協約自治に対する介入に該当するという点に関しては、ドイツ国内において争いはない。

また、二段階目の問題に関しても、①職業選択の自由を定める基本法12条1項や、社会国家原則を定める同法20条3項等その他の基本法上の規定に基づいて、国家には労働関係において構造的に劣位にある労働者を相当な形で保護するメカニズムを創出することが求められており、最低賃金法はかかる要請に応えるものであること、②また公的扶助によらずして最低限度の生活を可能とするという意味で、最低賃金法は労働者の人格保護（基本法2条1項）にも資するものであること、③更に、最低賃金法により社会保障システムが安定化すること（具体的には、例えば低賃金労働者が将来においてわずかな額の公的年金しか得られないという意味での「老齢貧困」に陥る現象を防止しうること）等が挙げられており[44]、これらが正当化事由に当たるという点に関しても、ドイツ国内においては、見解の一致がみられるようである。

従って、問題は、三段階目の比例相当性（Verhältnismäßigkeit）の審査に収斂される。この点につき、最低賃金法を合憲とする立場は、同法に基づく規制はあくまで賃金の下限を規定しているにすぎず、これを上回る範囲ではなお労働協約の締結が可能であることを根拠に、協約自治に対する介入の程度は相当な範囲内にあると主張する。むしろ、かかる合憲説の立場は、最低賃金規制は協約交渉における基礎を成し、より有利な協約上の賃金規整を促進しうるという意味で、協約自治を強化するものであることを、上記の正当

化事由の1つと理解している[45]。とりわけ、DGBおよびBMASは、先ほどみたように最低賃金額の決定プロセスにおいても協約自治が一定の影響力を認められていることと結びつけて、かかる合憲説の立場を支持している。

　しかし、これに対しては、労働協約が存在しないところに対して法定最低賃金を導入することについてはこれを許容できるとしても、既に協約が存在するところをも対象として、全国一律に強行的な規制を行おうとする最低賃金法は、協約自治に対する過剰な介入であり、違憲の疑いがあるとする見解[46]も提示されている。かかる見解は、法定の最低賃金額を下回る賃金を定める協約が締結されたとしても、かかる協約の内容の正当性は労働組合に対して協約締結能力（**第2節 1** (1) を参照。）を要求することによって既に担保されているのであるから、最低賃金規制を行うに際しては、2018年1月1日以降も労働協約による逸脱を可能とするために、協約逸脱規定を併置するべきであったと主張する。このような見解は、とりわけ使用者団体によって支持されており、ナショナル・センターであるBDAが、連邦議会において協約自治強化法が可決された2014年7月3日に「（法定最低賃金制度は）連邦共和国の建国以来の協約交渉に対する最も危険な介入（である）」とのコメント[47]を発表したのも、このような考え方に基づくものとされる。また、使用者団体のなかには、法定最低賃金制度の導入は協約自治の強化ではなく、協約自治の弱体化（Schwächung）と評価する声もある。

　このような議論をみるに、とりわけ社会保障システムとの関連性を意識する場合には、全国一律の強行的な法定最低賃金制度の導入にとって強い説得材料となるであろうが、その一方で協約締結能力論が従来担ってきた機能との関係を考慮すべきとする点で、違憲説の指摘には鋭いものがあるといえよう。かくして、問題状況の全体的な解明のためには、かかる角度からの検討も今後求められているように思われる。

52

第5節　2015年協約単一法

(1) 概説

次に、2015年の協約単一法[48]についてみてゆきたい。

従来、ドイツ労働協約システムにおける1つの大きな特徴であった「一事業所一協約」が、専門職労働組合の台頭と、2010年のBAGによる判例変更（複数協約時における協約単一原則の放棄）によって揺らいでゆく様相については、既に**第3節 ① (2)**でみた通りである。その後、かかる判例変更が行われてすぐの2010年6月に、DGBとBDAは共同で、労働協約法を改正し協約単一原則を立法化することを求める声明[49]を発表したが、1年後の2011年6月には、DGBのほうがかかる立法要求活動から離脱したことによって、この問題に関する状況はしばらく見通しが不透明な状況にあった。

しかしその後、CDU/CSU－SPD間での連立協定のなかで、協約単一原則の立法化が提案されたことで、その機運は一気に高まることとなる。かくして、2015年5月22日に「協約単一法（Tarifeinheitsgesetz）」が成立し、同法に基づいて同年7月に労働協約法が改正され、新たに4a条が挿入されることとなった。同条2項は、次のように規定する。すなわち、「複数の労働組合による、内容の異なる労働協約の適用範囲が重複している場合には、競合している労働協約のうち直近のものが締結された時点で、事業所のなかで労働関係にある組合員の多数を擁する労働組合が締結した労働協約の法規範のみを、当該事業所において適用することができる」と。

かかる4a条によれば、まず①「複数の労働組合による」、②「内容の異なる労働協約」の③「適用範囲が重複している」という状況が発生していることが、同条の適用のための要件となる。同条はこのような状況のことを、「協約衝突（Tarifkollision）」状態と称しているのであるが、上記・①との関係でいえば、ある事業所のなかで、複数の協約があるがいずれも同一組合の締結にかかるものである場合や、上記・②との関係でいえば、複数組合の締結にかかる複数の協約があるが、その内容が同一である場合には、かかる協約衝突状態には当たらない。また、上記・③との関係でいえば、複数組合の締結にかかる複数の協約があるが、それぞれ適用範囲が区別され

ており重複していない場合についても、同じく4a条は問題とならない。

　一方、上記でいう協約衝突状態の発生が認められる場合、その解決については、当該事業所における多数原則（Mehrheitprinzip）によって行われる。すなわち、衝突している労働協約のうち、衝突発生時点で、当該事業所における労働者の相対的多数を組織している労働組合の締結にかかる労働協約に優位性が認められ、当該事業所においては当該多数組合の協約のみを適用することが可能となる。

　このようにみると、労働協約法新4a条は、従来判例が用いてきた協約単一原則とは、一部異なるところもあるが、少なくとも、1つの事業所において、当該事業所の労働者の多数を組織する産別組合の締結にかかる産別協約と、少数の専門職労働者のみを組織する専門職組合の労働協約とが、異なる内容を定めつつ、適用範囲を同じくしているという従来から意識されてきた問題状況は、かかる4a条の下においては、当該事業所における専門職組合の協約の適用排除という形で解決が図られることとなろう。かくして、BAGによって一度は放棄された協約単一原則が、（部分的に形を変え）法律となって再び復活することとなった。そして、それは伝統的な「一事業所一協約」の復活にも寄与しうるものと評価することができよう。

　ところで、**第3節 ■ (2)** で指摘した通り、とりわけ2010年のBAG判決以降、ドイツにおいては専門職組合による（市民社会への影響が大きい）ストライキの増加という現象が生じていたわけであるが、かかる問題が労働協約法4a条に基づく協約単一原則の立法化の過程において意識されていたことは疑いを容れない。もっとも、労働協約法4a条は、かかる専門職組合が行う争議行為に関しては、これを直接規制するものとはなっていない。この点、確かに、専門職組合が協約締結を求めて争議行為を行ったとしても、結果として締結された協約が当該事業所において少数派となるかという問題は、かかる争議行為の時点では不明確でありうることからすれば[50]、4a条によって専門職組合のストライキが直ちに違法視されるということにはならない。ただし、少なくとも、4a条に基づいて当該事業所において多数組合の協約が有効に適用されている期間中に関しては、少数組合が再び協約衝突状態をもたらす協約の締結を求めて行うストライキは、違法争議の評価を

免れないことになろう[51]。

(2) 協約単一原則と協約自治

ところで、かかる労働協約法新4a条の基礎である協約単一法が可決された2015年5月22日の連邦議会演説において、連邦労働大臣のアンドレア・ナーレス (*Andrea Nahles*) は、「協約単一原則は協約自治を強化する。(Tarifeinheit stärkt die Tarifautonomie.)」と述べていた。このことから、かかる4a条についても、**第4節**でみた各法政策と同様、"協約自治の強化"がいわば通奏低音となっていることが分かる。

しかし、法定最低賃金制度と同様、労働協約法新4a条についても、その合憲性に関してはドイツ国内において大きな議論となっている。いうまでもなく議論の焦点は、同条が、例えば専門職組合のように一事業所において少数派となりうる組合の協約自治（基本法9条3項）に対する不当な介入に当たるか否かということにある。

この点につき、既に**第2節** **1**（1）でみたように、基本法9条3項により協約自治が憲法上保障されているドイツにおいては、国家には機能的な労働協約システムを整備すべき義務が課せられているわけであるが、4a条を合憲と解する立場（合憲説）からは、同条に基づく協約単一原則の立法化は、あくまで機能的な労働協約システムの確保のために、正当に行われたものであるとする見解が示されている[52]。ここで重視されているのは、労働協約が持つ様々な機能のうち、1つの労働協約によって事業所内の労働条件が統一的に決定され、当該協約の有効期間中は当該事業所における平和が確保される（要するに、使用者は争議行為を受けない）という意味での秩序機能（Ordnungsfunktion）および平和機能（Befriedungsfunktion）である。4a条の合憲性については、産別組合および使用者団体のいずれも公式にはこれを合憲であるとする立場を取っているが、上記の見解は、なかでもBDAによって支持されている[53]。

しかしこれに対して、とりわけ学説においては、労働協約法4a条は違憲であるとする見解（違憲説）[54]が多数を占めている。かかる違憲説の立場は、協約自治が基本法9条3項の保障を受けることからすれば、少数組合にも（協

約締結能力が認められる以上は）独自の協約政策を展開することが保障されるべきであるにもかかわらず、少数組合が締結した労働協約の当該事業所における適用排除をもたらす4a条は、少数組合の協約自治に対する介入であり、それは合憲説がいうような労働協約システムの機能性確保という目的によっては正当化されないと主張する。

　この点、確かに労働協約法新4a条の下においても、少数組合には労働協約を締結する（あるいは、そのためにストライキを行う）方途が全く絶たれているというわけではない。というのは、（1）でみた通り、4a条は複数の労働組合が締結した労働協約の「内容が異なる」場合に初めて適用されるものであるため、少数組合には多数組合とともに、いわゆる協約共同体を形成し、共同して協約交渉を行い、それによって内容を同じくする労働協約をそれぞれ締結するという途は残されているからである。実際にも、行政サイド（BMAS）においては、このような展開が期待されている状況にある。

　しかし、専門職組合の多くが現在の活動状況に至った背景には、産別組合の協約政策に対する不満を契機として従来の協約共同体から離脱したという経緯（第3節 **1** （2）を参照。）があることから、ドイツ国内においては、上記のように産別組合と専門職組合とが再び協約共同体を形成するように期待することは、何ら現実的なシナリオではないとの指摘がある。むしろ、違憲説の立場からは、労働協約法新4a条は、専門職組合のような事業所において少数派となりうる組合に現在加入している組合員にとってみれば、今後は当該組合の締結にかかる協約上の利益を享受できなくなる点で、当該組合を脱退するインセンティブとして機能しうるものであることから、同条によって、少数組合の組織的基盤自体が危殆化することも懸念されている。

　以上のように、協約単一原則の合憲性をめぐっては、一部では合憲説も説かれてはいるものの、違憲説が有力に主張されている状況にある。実際にも、労働協約法新4a条が施行されてすぐに、複数の専門職組合から、同条（および協約単一法）に対し、上記・違憲説の立場から、連邦憲法裁判所（BVerfG）による仮命令（einstweiligen Anordnung）の申立て（連邦憲法裁判所法32条1項）[55] が行われた。もっとも、BVerfGは2015年10月に緊急の必要性に欠けるとして、かかる申立てを却下したため[56]、この問題をめぐる

先行きはいまだ不透明な状況にある。引き続き、今後の動向に注目する必要があろう（なお、この点に関しては、2017年7月11日に重要な動きがあった。詳細については、**本章**の【**補論**】を参照されたい。）。

第6節　2016年労働者派遣法改正

　ところで、上記でみた2014年協約自治強化法および2015年協約単一法は、いずれも現政権発足時にCDU/CSU－SPD間で締結された連立協定を直接的な契機とするものであったが、これらに引き続き「良質な雇用」の実現にかかる立法政策の一環として、ドイツでは2016年10月に労働者派遣法（Arbeitnehmerüberlassungsgesetz）が改正されており、2017年4月より施行されている[57]。

　同改正の主な目的は、①これまで無制限であった派遣可能期間について上限規制を行おうとする点と、②派遣労働者の労働条件に関する均等待遇原則を従来よりも強化しようとする点にあったが、ここではこれらの改正内容における集団的労使関係システムの位置付けという視角から検討を行うこととしたい。なんとなれば、これら2つの改正内容は、いずれについても、ドイツの集団的労使関係システム（とりわけ、労働協約システム）と密接なかかわりを持つ形で制度設計がなされているからである。

（1）派遣上限期間の再規制

　まずは、①派遣上限期間の再規制について、みてゆこう。

　ドイツにおける労働者派遣法（以下、派遣法）は立法当初、派遣可能期間の上限を3ヵ月に限定していたが、かかる上限規制は、その後徐々に規制が緩和され、2000年代初頭にはハルツ改革によって全面的に廃止されるに至る。しかしその後、このような法状況に基づいて、一部の派遣労働者がいわば濫用的な形で長期的に派遣されているという実態が問題視されたことから、2011年の派遣法改正の際には、EUの派遣労働指令（2008/104/EC）[58]にも対応させる形で、労働者派遣は「一時的（vorübergehend）なも

のである」旨を明記する改正が行われた。とはいえ、これも派遣可能期間の上限を厳密に定めるという意味での規制を行うものではなかったといえる[59]。

このような状況を踏まえ、今回の改正は、「（企業の）一時的な労働力需要をカバーする」ことを、「労働者派遣の中心的機能（Kernfunktion）」に位置付けるという目的の下、派遣可能期間の上限規制を再度導入しようとするものとなっている。具体的には、「派遣元は、同一の派遣労働者を、連続した18ヵ月を超えて、同一の派遣先に対して派遣してはならない」ことが、まずは原則的ルールとして明記されることとなった（新1条1b項）。

ただし、かかる派遣可能期間の上限規制については、同時に協約逸脱規定が設けられている点には注意を要しよう。改正法の1条1b項の3文では、派遣労働者を就労させる産業部門の協約締結当事者、すなわち派遣先企業が加盟する使用者団体と派遣労働者を組織化する労働組合は、労働協約によって上記・原則的ルールが定めているのとは異なる派遣可能期間の上限を定めることができることとなっている。これによって、派遣先企業としては、かかる労働協約（以下、逸脱協約）を締結している使用者団体に加盟していれば、18ヵ月を超えて（当該逸脱協約が定める範囲内で）派遣労働者を利用することが可能になる。また、改正法は更に、このような使用者団体に加盟していない派遣先企業についても、当該逸脱協約の適用範囲内にある場合には、それに基づいて、当該派遣先事業所の事業所委員会と事業所協定を結ぶことで、18ヵ月とは異なる派遣可能期間の上限を定めることを認めている（5文）。ただし、この場合、当該逸脱協約が、事業所協定を締結するに当たっての基準となる派遣可能期間の上限を定めていない場合には、当該事業所協定のなかで定めることのできる期間は24ヵ月が上限となっている（6文）。

このように、今回の改正法が協約逸脱規定を設けた趣旨について、連邦政府による法案解説[60]をみると、まずは派遣先企業に対して、労働協約の適用を受けることについての「更なる動機付け（weiterer Anreiz）」を与えようとすることにあるとの説明がなされている。より敷衍すれば、上記のように、逸脱協約の適用を受けていれば、派遣法が定めている水準（18ヵ月）

を超えた形での派遣労働者の利用も可能とすることで、派遣先企業が使用者団体に加盟し、逸脱協約の適用を受けることへのインセンティブを与えようとしているということになろう。この点、確かに、改正法によれば、使用者団体未加盟の派遣先企業についても、事業所協定による派遣可能期間延長の余地が認められてはいるが、そもそも当該事業所において事業所委員会が存在しない場合にはかかる手段を用いることはできないし、事業所協定を締結したとしても一定の場合には24ヵ月という上限規制があることからすると、かかるインセンティブが機能する場面は、少なくないように思われる。

このようにみてゆくと、今回の改正派遣法は、まさに1990年以降年々低下傾向にある協約カバー率を（**第3節 1（1）**を参照。）、協約逸脱規定の活用、およびそれによる使用者団体組織率の向上という手法をもって、回復させようとするアプローチを採るものと評価でき、その点において、労働協約システムをめぐる法政策の一翼を成すものと理解することが可能であろう。

また、このほか上記・法案解説のなかでは、かかる協約逸脱規定によって、逸脱協約あるいはそれに基づく事業所協定を締結する際に、派遣先企業における派遣労働力の利用について、詳細なルール・メイキング（具体的には、派遣労働の利用目的や、当該派遣先企業による派遣労働者の直接雇用、当該派遣先企業の全従業員数に占める派遣労働者の割合等）が行われ、それによってこれまで、派遣労働者の利用について労働協約や事業所協定に基づくルールが存在しなかった派遣先企業にもこれらのルールが広く及ぶこととなることが期待されている。これはいわば、その利用を契機とした労働協約システムおよび従業員代表システムにおける労使コミュニケーションの促進機能を、協約逸脱規定のなかに見いだしているものと評価することができよう。

（2）均等待遇原則の強化

これに対して、②均等待遇原則の強化については、先ほどの①におけるのとはいわば逆のベクトルで労働協約システムへ影響を及ぼす形での改正が行われている。

前述の通り、2000年代初頭のいわゆるハルツ改革に際しては、一方において派遣可能期間の上限規制が撤廃されたわけであるが、他方において派遣労働者の労働条件に関して均等待遇原則（Gleichstellungsgrundsatz）と呼ばれるルールが導入された。これは、派遣労働者に対して、派遣先企業への派遣期間中、当該派遣先事業所における比較可能な労働者に対して適用されている（労働賃金を含む）基本的労働条件を付与すべきことを、派遣元企業に義務付けるものである。このような均等待遇原則の目的は、いうまでもなく長期にわたる派遣労働者の利用に伴い生じうる、派遣労働者と派遣先企業の労働者間での労働条件格差の解消を狙うところにあった。

　もっとも、ハルツ改革に伴う派遣法改正の際には、均等待遇原則の導入と同時に、協約自治の尊重という観点から、労働協約によって均等待遇原則から逸脱し、それとは異なる労働条件規整を行うことを可能とする規定（協約逸脱規定）が置かれることとなった。そして実際にも、かかる協約逸脱規定を利用する形で、派遣元企業が加盟する使用者団体と労働組合との間で、派遣労働者の労働条件を定める労働協約（以下、派遣労働協約）[61]が締結されており、ドイツにおける派遣労働者の約90%は、かかる協約によってカバーされてきた。特に、かかる派遣労働協約で定められている労働条件のうち、賃金に関してはかなり低い水準で設定されており、それによって派遣労働者と派遣先企業に直接雇用されている労働者との間には、大幅な賃金格差が生じていたとされる[62]。かくして、従来ドイツにおいては、派遣労働者の労働条件が均等待遇原則に従った通りに決定されることは、極めて稀な事態となっていた。

　このような状況に対応するために、今回の改正派遣法は「良質な雇用に対して、公正な（fair）賃金が支払われる」ことを目的に掲げ、均等待遇原則の強化を図っている。すなわち、改正法は、賃金に関しては、労働協約によって均等待遇原則から逸脱できる時間的範囲を、当該派遣労働者の派遣先企業への派遣開始からまずは9ヵ月以内に制限している（新8条4項1文）。かかる9ヵ月を超えて、均等待遇原則から逸脱することが認められるのは、派遣先事業所における比較可能な労働者に適用される労働協約上の賃金（比較対象者の協約賃金）を基準として、ⅰ）派遣労働者の当該派遣先への派遣

開始から遅くとも6週間後には、かかる比較対象者の協約賃金へ近づくよう段階的に割増賃金を支払う規制が行われていること、ⅱ）および派遣開始から遅くとも15ヵ月後には、派遣労働者の賃金額が、比較対象者の協約賃金額と同額となるよう規制が行われること、という2つの要件を充たす労働協約が締結されている場合に限定されている（新8条4項2文以下）[63]。

このようにみてゆくと、②均等待遇原則に関しては、今回の改正によって、従来は無制限に可能であった労働協約による同原則からの逸脱に、大きな歯止めがかけられたことになる。連邦政府による法案解説では、このような歯止めを指して、「社会的な防護壁（soziale Leitplanken）」と称されているのであるが、このことは、今回の改正法が、①派遣可能期間の上限規制に関しては、新たに協約逸脱規定を活用しようとしていたのと比較すると、むしろ既存の協約逸脱規定を上記・防護壁の範囲内へと時間的・内容的に制約するという意味で、まさに逆のベクトルにあるものと評価できよう。

ただ、かかる防護壁を全く肯定的に評価してよいかについて、疑問がないわけではない。なんとなれば、かつて均等待遇原則の合憲性が争われたBVerfGの2004年12月29日決定[64]は、従来の派遣法が労働協約による均等待遇原則からの（時間的・内容的に無限定の）協約逸脱規定によって、協約締結当事者（労働組合・使用者団体）が柔軟に労働条件規整を行いうる余地を認めていたことを1つの根拠として、均等待遇原則を合憲と判断していたからである。この点を重視するのであれば、今回の改正派遣法により、協約締結当事者が柔軟に労働条件規整をなしうる範囲が、上記にいう社会的防護壁の範囲内に限定されたことによって、均等待遇原則と憲法規範（とりわけ、協約自治を保障する基本法9条3項）との抵触問題が、再度生じうることも予想されよう。

第7節　第四次産業革命と集団的労使関係システム

以上で検討してきた集団的労使関係システムをめぐる各法政策は、いずれも現在の第三次メルケル政権の発足に先立って、CDU/CSU − SPD間で

締結された連立協定に基づいて実施されてきたものであるが、現政権下における同システムをめぐる法政策は、これとはまた別のモティーフによっても議論が行われている状況にある。

　日本を含めて、近年における世界各国の労働（法）政策の現場では、いわゆる経済のデジタル化が、雇用・労働分野にどのような影響を及ぼすのか、またそれによってどのような政策課題に取り組むべきであるのかという議論がホット・イシューとなりつつあるが[65]、なかでもドイツにおいては比較的早い時期から、かかる議論が連邦労働社会省（BMAS）のイニシアティブによって進められてきた。ドイツにおいて「労働4.0」と称されているこの議論は、2016年11月にBMASによって取りまとめが行われ、ホワイト・ペーパー（Weißbuch〔以下、WB〕）という形で公表されるに至っている[66]。そして、そのなかでは、集団的労使関係システムをめぐっても、様々な立法政策上のアプローチが提案されているのである。

　そこで、以下では、ドイツにおける労働4.0をめぐる議論の経緯を簡単に確認した上で、かかるWBを素材として、経済のデジタル化による働き方の変化という文脈のなかで、集団的労使関係システムにはどのような役割が期待されており、また同システムについて、どのような政策的アプローチが提案されているのかを検討することとしたい。

1 "Industrie 4.0" から "Arbeiten 4.0" へ

　ここではまず、労働4.0をめぐる議論の経緯を、簡単に確認しておこう。

　我が国においてもよく知られているように、ドイツにおける労働4.0の議論というのは、いわゆる「第四次産業革命（Industrie 4.0）」をめぐる連邦政府の取り組みに端を発している。第四次産業革命[67]とは、2011年にドイツ連邦政府が策定した『ハイテク戦略2020』におけるプロジェクトの1つであり、その目的は、主に製造業分野においてCPS（サイバー・フィジカルシステム）をベースとした「スマート工場」を実現することにある[68]。これはごく簡単にいえば、AI（人工知能）やIoT（モノのインターネット化）、ビッグデータ等のデジタル技術を組み合わせて用いることにより、生産工程からサプライチェーンまでをデジタル化・ネットワーク化することで、生産

効率を飛躍的に上昇させることを狙うものである。また、そこでは顧客の要望を生産プロセスへリアルタイムで反映させることが可能となるといった形での、高い柔軟性・多様性の実現（いわゆるマスカスタマイゼーション）も目指されている。もっとも、ドイツにおいてかかる第四次産業革命を管轄するのは、連邦経済エネルギー省（BMWi）と連邦教育研究省（BMBF）であり、雇用・労働分野において生じる問題について十分な議論がなされる環境には、必ずしもなかった。

　そこで、かかる第四次産業革命との関係で、雇用・労働分野における議論を補充することを目的として、BMASのイニシアティブによりスタートしたのが「労働4.0（Arbeiten 4.0）」である[69]。BMASは、まず2015年4月に、議論のたたき台となるグリーン・ペーパー（Grünbuch）を発表したのち、それに基づいて調査・研究を実施しつつ、研究者や労使団体、企業等の専門家が参画するワーク・ショップやシンポジウムを複数回開催するとともに、一般市民からもツイッターやフェイスブック等を通じて意見集約を行った[70]。BMASは、かかる一連のプロセスを「国民との対話プロセス（Dialogprozess）」と称しているのであるが、今回のWBというのは、この約1年半にわたる対話プロセスにより得られた成果として取りまとめられたものであった。

2 "労働4.0" ホワイト・ペーパー（2016年）

(1) 概要

　かくして取りまとめられたWBは、約200頁にもわたる大部のものであるが、ここではその目次から、内容構成を大まかに確認しておこう。

第1章　原動力（Treiber）とトレンド
　1節　デジタライゼーション
　2節　グロバリゼーション
　3節　人口統計と将来の労働力供給
　4節　カルチャーの変化（Wandel）
第2章　労働4.0の緊張領域（Spannungsfelder）
　1節　雇用への影響：産業分野と職務（Tätigkeit）の変化

2 節　デジタル・プラットフォーム：新たな市場と就労形態
　3 節　ビッグ・データ：デジタル経済の原材料（Rohstoff）
　4 節　インダストリー 4.0 ／人間と機械の相互作用
　5 節　時間的・場所的に柔軟な労働：現在のカルチャーの未来
　6 節　企業組織：変革のなかでの構造
第 3 章　理想像（Leitbild）：デジタル化のなかでの良質な雇用
第 4 章　具体的課題（Gestaltungsaufgaben）
　1 節　エンプロイアビリティー：失業保険から労働保険へ
　2 節　労働時間：柔軟に、しかし自己決定的に
　3 節　サービス給付：良質な労働条件の強化
　4 節　健康な労働：労働保護 4.0 へのアプローチ
　5 節　被用者データ保護：高い水準の確保
　6 節　共同決定と参加：パートナーシップに基づく変化の形成
　7 節　独立自営：自由の促進と保護
　8 節　社会国家：将来の展望と欧州レベルでの対話
第 5 章　労働を更に考える：トレンドの認識、イノベーションの実験、社会的
　　　　パートナーシップの強化

　このうち、まず第 1 章では、後述するデジタライゼーションをはじめ、今後のドイツにおける労働社会の変化にとっての原動力となる各ファクターについて検討がなされている。また、続く第 2 章では、かかる変化によって新たな政策的対応が求められうる領域（緊張領域）ごとに、変化がもたらしうるメリットとデメリットが分析されている。そして、かかる分析を踏まえ、第 3 章では、CDU/CSU － SPD 間の連立協定のなかでも登場していた概念である「良質な雇用（≒ディーセント・ワーク）」がデジタル化のなかではどのようなものとして捉えられるべきかといった問題が、いわば総論的に描き出されている。その上で、第 4 章では、その実現に向けた具体的な（法）政策的アプローチについて、各論的な検討がなされており、最後に第 5 章では、労働 4.0 をめぐる今後の展望が述べられている。

　それでは、かかる WB において、集団的労使関係システムには、どのような位置付けが与えられているのであろうか。

64

（2）労働社会のデジタル化における集団的労使関係の位置付け

　上記でみたように、WBの第1章では、今後のドイツの労働社会に変化をもたらしうる様々な原動力について検討が行われているのであるが、その最も中核に位置付けられているのが、「デジタライゼーション（Digitalisierung）」である。すなわち、近年のドイツにおけるデジタル技術の発展は、クラウド技術・モバイル機器・AIのようなIT・ソフトウェアの分野、ロボット・センサー技術の分野、および先ほどみたCPSやビッグデータにとっての基礎となるネットワーク化の分野という、3つの分野において相互に作用する形で動いているとされる。そして、続く第2章では、これらのデジタル技術が、商品・サービスにかかるバリュー・チェーンの隅々にわたり適用されること（デジタライゼーション）によって、ドイツ労働社会にも様々な変化が生じることが予想されている。

　このような変化として、例えば、職場におけるロボットやAI等の機械の活用によって、労働者は従来の危険な仕事や肉体的・精神的負担が重い仕事から解放されうる。また、使用者が労働者のデータや情報をビッグデータ化することで、機械が労働者個々人の能力や状況に合わせてサポートを行うことが可能となる（デジタル・アシスタント〔チューター〕システム）。更に、ネットワーク技術やモバイル機器の活用によって、テレワークやクラウドワークに代表されるように、時間的・場所的に柔軟な働き方も可能となってゆく。しかし、このような変化にはデメリットも伏在している。例えば、時間的・場所的に柔軟な働き方の下では、職場とプライベート空間の境界が曖昧になることによる過重労働のリスクが生じうるし、労働者情報のビッグデータ化は、労働者に対するプライバシー侵害のリスクをも孕むものとなる。

　そして、かかる将来予測との関係で、今回のWBのなかで注目されるのは、デジタライゼーションによる労働社会の変化は、各産業分野ないし各企業・事業所における利害関係を考慮した形での、労・使の交渉を通じた柔軟な歩み寄り（Kompromiß）によって、具体的に構成されるべきであるというスタンスが一貫して提示されている点であろう[71]。すなわち、WBいわく、「将来における労働社会のデジタル変化が成功裏に克服される確率は、

使用者側と労働者側がこれをパートナーシップ関係に基づいて形成し、双方の側の必要性を公正に考慮し、調整を行う場合において、最も高い」。かくして、ドイツにおける既存の集団的労使関係システムに対しては、極めて大きな役割が期待されているのである。

(3) 集団的労使関係法政策の方向性

　以上の検討を経て、WBは、上記にいう交渉ないし歩み寄りにとっての基礎を成す労働協約システムおよび従業員代表システムの"強化（Stärkung）"が必要であるとして、そのためにありうる政策的アプローチについて、幾つかの提案を行っている。

　ア　労働協約システム

　　このうち、まず労働協約システムについては、**前節**まででみてきた各法政策の延長線上にある形での提案が行われている。すなわち、これまでにもみてきたように、同システムの強化にとって最も重要な課題は、協約カバー率の向上にあるところ、そのためには可能な限り多くの労働者および使用者が、労働組合および使用者団体に加入し、それによって労働協約によってカバーされているという状況を創出する必要がある。そこで、WBはまず、協約逸脱規定を今後いっそう活用することで、とりわけ使用者について使用者団体へ加盟することへの動機付けを与えるという手段について検討を行うことを提案している。これは、まさに**第6節（1）**でみた2016年派遣法改正の延長線上に位置付けられるものといえよう。

　　また、WBではこのほかに、2014年協約自治強化法（**第4節❶**を参照。）による労働協約法5条の改正以降も、いまだ幾つかの産業分野においては、一般的拘束力宣言制度はハードルが高いものとなっていることから、協約カバー率の強化のためには、よりハードルを下げることが重要であるとの指摘もなされている。

　イ　従業員代表システム

　　一方、従業員代表システムの強化については、WBの提案は多岐にわた

るが、大きく分けて、ドイツにおける事業所委員会の設置率が年々低下している現状（**第3節❷**を参照。）を踏まえ、これに歯止めをかけることを目的としたものと、事業所委員会の権利や活動を、労働社会のデジタル化に対応させてゆくことを目的としたものによって、混成されている。

このうち、前者に属するものとして、WBはまず、事業所委員会選挙手続に際して簡略化された選挙手続（**第2節❷**を参照。）を利用できる事業所の規模を、現在の50名以下から100名以下という規模にまで拡大することを提案している。現在の事業所組織法によれば、従業員数51名以上100名以下の労働者が、同法14a条が定める簡略化された選挙手続を利用するためには、使用者との協定（Vereinbarung）が要件とされているところ（同条5項）、今後はかかる協定要件を不要とする提案と解される。**第3節❷**でみたように、従業員規模の小さい事業所であるほど、事業所委員会の設置率が低い傾向がみられることから、上記の提案によって事業所委員会の設置をより容易にすることを狙うものと評価できよう。また、このほか、同じく**第3節❷**でみたように、小規模事業所においては使用者による事業所委員会選挙に対する妨害行為が行われる割合が高いという調査結果[72]があることから、かかる妨害行為に対する制裁の厳罰化の要否についても検討を行うことが提案されている。

また、後者に属するものとして、使用者が新たなデジタル技術を事業所に導入しようとする場合には、外部の専門家を招聘することができる権利を事業所委員会に認める提案が行われている。かかる外部専門家の招聘についても、現在の事業所組織法80条3項では使用者との協定が要件となっているが、デジタライゼーションによる労働社会の変化は極めて速い速度で生じうることから、今後はかかる協定を不要とすべきとの提案と解される[73]。また、デジタライゼーションによって、今後は職場のバーチャル化も想定されるなかでは、現在のところ非公開の原則（事業所組織法30条4文）によって禁止されているビデオカンファレンスによる事業所委員会会議を、一定の要件（特別の緊急性により対人会議の実施が相当に困難な場合等）の下で認めるべきとの提案も行われている。

第8節　おわりに

　ドイツにおける集団的労使関係システムは、現在でも、社会的市場経済というドイツモデルにとっての核心を成す社会制度であり、その安定性にとっての碇（Stabilitätsanker）と理解されている[74]。本章において検討してきたように、このうち労働協約システムについては、高い（産別）協約カバー率および（BAGの判例法理によっても支えられてきた）一事業所一協約によって、また従業員代表システムについても、従来は比較的高い事業所委員会設置率によって、それぞれ伝統的に特徴付けられてきた。

　しかしその後、1990年以降になると、これらのシステムはいずれも様々な社会的・経済的な枠組み条件の変化に直面して、弱体化の様相をみせるようになる。そのようななかで、本章で検討の対象とした各種の法政策は、まずは上記にいうドイツ集団的労使関係システムの伝統的特徴を取り戻すための試みであったと評価できよう。すなわち、現在の第三次メルケル政権は、2014年協約自治強化法による一般的拘束力宣言制度（労働協約法5条）の改正、および2016年派遣法改正による（派遣可能期間の上限規制にかかる）協約逸脱規定の活用によって、協約カバー率の回復を狙い、更に2015年協約単一法によって一事業所一協約の復活を企図したものといえる。そして、このうち前者の手法については、「第四次産業革命」に起因する労働社会のデジタル化という新たな文脈のなかで、引き続きの検討事項とされているとともに、かかる文脈のなかでは、従業員代表システムについて、簡略化された事業所委員会選挙手続の適用範囲の拡大等によって、事業所委員会設置率の回復が目指されている状況にある（また、そこでは、事業所委員会の権利・活動を新たな労働社会へ適合化させるための諸提案も行われている。）。

　もっとも、現政権が目指す政策の方向性は、システムのサポートのみにとどまらない。すなわち、本章で検討した各法政策のなかには、集団的労使関係が従来の役割をもはや十分には果たしえなくなっている領域に関しては、国家がより直接的な規制に乗り出しているという方向性を持つものも看取することができよう[75]。2014年協約自治強化法による法定最低賃金制度の

68

導入や、2016年派遣法改正による（均等待遇原則の強化にかかる）"社会的防護壁"の設置（＝協約逸脱範囲の制約）は、こちらの方向性に属する。いずれについても、その実質的な背景は、ドイツにおける（協約によっては保護しえない、あるいは協約こそがまさにその原因となっている）低賃金労働者層の拡大にあったものとみてよいであろう。

　以上の筆者の分析は、**第7節**でみた"労働4.0"にかかるWBの最終章（第5章）で述べられている、次のセンテンスにおいて端的に示されている。

"いかなる現代的な展開があろうとも、適切な解決と柔軟な歩み寄りを交渉によって取り決めることを可能とする協約自治および共同決定は、デジタル経済においても重要な制度（Institution）である。国家は、交渉により取り決めを行うことの裁量（Raum）を委ねることができ、かつそうすべきである。しかし逆に、次のこともまた当てはまる。：協約締結当事者が、もはや問題を解決しうる状況にない場合には、国家による対応（Antworten）が求められる。最低賃金の導入は、その一例である。"

　ただ、本章でみた集団的労使関係システムをめぐる各法政策のなかには、憲法、とりわけ協約自治を保障する基本法9条3項との緊張関係をもたらすものも含まれている点には留意すべきであろう。2015年協約単一法はその最たる例であろうが、本章で検討した通り、2014年協約自治強化法に基づく法定最低賃金制度、および2016年派遣法改正による均等待遇原則の強化をめぐっても、それぞれ基本法9条3項との関係でその合憲性が議論されている（あるいは、今後議論となりうる）。このことは、協約自治保障の規範内容（ないしは、協約自治に対する国家の介入の法的限界）自体が、ドイツにおいていまだ議論の余地が多く残されていることを示すものといえよう。

　冒頭でも述べた通り、日・独では集団的労使関係システムの基本構造が異なることを踏まえれば、本章における検討から、日本法に対して各論のレベルで何らかの示唆を導くことは、容易なことではない。しかし、本章でみたドイツ法の経験からすると、少なくとも、日本において今後、集団的

労使関係システムの再構築というテーマを検討するに当たっては、あるべき（sollen）集団的労使関係像を措定する作業に取り組むべきことはもちろん、団結権をはじめ労働三権を保障する憲法28条の規範内容の解明にも取り組むべきこと[76]、そしてそれを踏まえて同条との（場合によっては、緊張）関係をも睨みつつ具体的な法政策を形成してゆくべきことが、いわば総論的に示唆されることになろう。

【補論】連邦憲法裁判所2017年7月11日判決（BVerfG Urt. v. 11.7.2017, 1 BvR 1571/15, 1 BvR 1588/15, 1 BvR 2883/15, 1 BvR 1043/16, 1 BvR 1477/16）

I　はじめに

本論の**第5節**において取り上げた2015年協約単一法（および、同法に基づいて新たに導入された労働協約法新4a条）に対しては、その施行後すぐに、複数の専門職労働組合から憲法異議（Verfassungsbeschwerde）の申立て（連邦憲法裁判所法90条以下）が提起されていたところ、本稿脱稿後の2017年7月11日に、同法の合憲性について判断を行った判決が連邦憲法裁判所（BVerfG）において下された。ここでは、本論部分で検討した内容の補論として、同判決につきその要点を整理する形で、紹介しておくこととしたい。

II　判旨の概要

1．団結の自由を定めた基本法9条3項は、個々人に対して、労働条件および経済的条件を維持・促進するために労働組合（団結体）を結成する権利を保障するとともに、結成された労働組合自体に対して、上記・目的のために団結体特有の活動を行う権利をも保障している。これには、組合員の勧誘活動のような、労働組合の存続に向けた活動も含まれる。また、基本法9条3項によって、労働組合はその運動方針や組織構成についても、自己決定をなしうる。

２．基本法9条3項により保障される団結体特有の活動のなかでも、最も中心に位置付けられるのは、労働協約を締結しこれを適用するという意味での協約自治（Tarifautonomie）である。ただし、基本法は、自己の固有の利益のために、重要な職務上の地位（Schlüsselposition）を協約政策のために利用することについての絶対的な権利までをも、労働組合に対して保障してはいない。

３．国家は、歴史的な経験に基づいて、賃金をはじめとする労働条件の規整の大部分を、労働組合（および使用者団体）に委ねている。それによって、締結された労働協約には、そのなかで労・使双方の利益が適切な形で調整されているという意味での正当性の推定（Richtigkeitsvermutung）が与えられる。ただし、かかる正当性の推定が認められるためには、協約交渉に際してフェアな形での調整を行うことを可能とする、構造的な枠組み条件が整備されていることが前提となる。すなわち、協約自治というのは、このような前提条件の下においてのみ、機能的なもの（funktionsfähig）となる。

４．そして、かかる協約自治の機能性を確保するため、立法者は、基本法9条3項（および社会国家原則を定める同法20条1項）に基づいて、上記・前提条件の整備という正当な目的のために協約締結当事者間の関係を規制する権限を有しており、それによって労働組合の団結の自由を制約することもできる（それどころか、労働協約システムの機能障害が持続的に存在する場合には、立法者は、かかる規制〔介入〕を義務付けられてさえいる。）。かかる権限に基づいて、立法者は、対抗関係にある労働組合と使用者（団体）間の関係を規制することができるだけでなく、競合関係にある複数の労働組合間の関係を規制することもできる。

５．事業所内において、重要な職務上の地位にある労働者が、独自にその立場を利用（悪用）して、その固有の利益を追求し、協約衝突状態を発生させうる状況というのは、フェアな形での協約交渉の調整を可能とする構造的な前提条件が整備されているとはいえず、その場合には労働協約の正当性の推定は危殆化する。労働協約法4a条は、かかる意味での前提条件を整備し、協約交渉において競合関係にある複数の労働組合が、相互に調整

71

を行い協調的行動を採ることを促し、協約衝突の発生を回避しようとするものであって、その目的においては正当といえる。

6．他方、確かに、労働協約法4a条によって、少数組合の団結の自由（上記・1．および2．）は侵害されうる。すなわち、労働協約法4a条2項2文によって、協約衝突状態にある少数組合の労働協約がその適用を排除された場合には、その組合員は当該協約上の権利・利益を奪われ、協約交渉の成果が無価値化（Entwertung）される。また、かかる協約単一の法規制は、協約衝突が発生する前の段階においても、少数組合に対しては、組合員の勧誘に際してその魅力を失わせ、あるいは運動方針や組織構成の見直しを迫るといった形での事前効果（Vorwirkung）を発揮しうるという意味でも、基本法9条3項によって認められた権利を侵害する。

7．そうすると、目的の正当性（上記・5．）との比例において、かかる少数組合の団結の自由（特に協約自治）に対する侵害が相当性の範囲内にあるか否かを検討する必要がある。この点、かかる侵害が相当性の範囲内にあるといいうるためには、まずは労働協約法4a条を制限的に解釈・適用する必要がある。例えば、労働協約法4a条2項2文によれば、同規定に基づく少数組合の労働協約の適用排除という法律効果は、協約衝突状態の発生時点で直ちに生じるとされているところ、協約単一の法規制が、事前効果（上記・6．）を通じて競合する労働組合間での相互調整を促そうとしていたことからすると、一事業所において協約衝突状態が発生したとしても、上記・排除効果を発生させない旨を当該事業所におけるすべての労働組合と使用者が合意していた場合には、排除効果は生じない（言い換えれば、労働協約法4a条は、協約による逸脱が可能〔tarifdispositiv〕）と解するべきである。また、労働協約法4a条2項2文に基づく排除効果により、老齢年金のような労働者の生活に関わる長期的に設計された給付を、代替なく無価値化してしまうことは、憲法上許されない。更に、労働協約法4a条5項は、ある労働組合との協約交渉を開始した使用者に対し、その旨を公表するとともに、他の労働組合に対しても意見表明の機会を付与すべき義務を課しているところ、同条2項2文による排除効果は、かかる義務が適切に履行された場合に限り、認められるというように解釈・適用がな

されるべきである。これらの制限的解釈・適用を通じて、労働協約法4a条による基本法9条3項に対する侵害は、その大部分が相当性の範囲内にあるものとして正当化される。

8．しかし、このような制限的解釈を施してもなお、現在の労働協約法4a条は、協約衝突状態において、協約適用が残ることとなる多数組合の労働協約のなかで、協約適用が排除される少数組合（職業グループ）の利益が効果的な形で考慮されるようにするための安全措置（Vorkehrung）を用意していないという点において、相当性を欠く。労働者の側において、すべての職業グループがその利益を効果的な形で代表される機会を有していることもまた、労働協約の正当性の推定（上記・3．）にとっての前提条件である。とりわけ、労働協約法4a条4項は、協約適用が排除された少数組合に対して、多数組合の労働協約と同一内容での協約締結を使用者に対して求めうる権利（Nachzeichnungsanspruch）を付与しているが、そこには少数組合（職業グループ）の利益が十分に考慮されるための構造的な安全措置が欠落している。従って、この限りにおいて、労働協約法4a条は基本法9条3項と合致せず、部分的に違憲である。

9．以上のことから、立法者は遅くとも2018年12月31日までに、かかる違憲部分を除去した形での新たな規制を創出しなければならない。それまでについては、労働協約法4a条2項2文は、多数組合が、その労働協約のなかで、協約適用が排除されることとなる職業グループの利益を真摯に（ernsthaft）かつ効果的な形で考慮していることが説得的に証明される場合に限り、引き続き適用する。このような場合としては、多数組合においても、かかる職業グループに属する者を最低限度で組織化している場合、あるいは多数組合の協約交渉の際に、かかる職業グループが自身らにとって重要な協約政策上の交渉判断に十分な影響を及ぼしえた場合が挙げられる。

Ⅲ　若干のコメント

本論の**第5節**（2）でみたように、協約単一法・労働協約法4a条については、既に学説レベルにおいて合憲説と違憲説との対立がみられたわけであ

るが、そのような状況下における本判決の意義というのは、以下の3点に集約できるように思われる。

　すなわち、①まず、一方において、基本法9条3項によって保障される（協約自治を含む）労働組合の権利・自由を確認しつつ、少数組合（なかんずく専門職組合）によるエゴイスティックな協約政策の貫徹は必ずしも基本法のコロラリーにはないという意味で、協約自治保障の限界を明らかにした点、②また、他方において、同じく基本法9条3項（および同法20条1項）から導かれる機能的な協約自治の確保に向けた立法者の規制権限が、競合する労働組合間の関係の規制にも及ぶことを明らかにした点、③そして、上記・①と②との相克のなかで、比例相当性審査の枠組みにおいて、まずは制限的解釈・適用による労働協約法4a条の正当化を図りつつ、少数組合（職業グループ）の利益保護のための「安全措置」の欠落という限りで、その部分的な違憲性を衝いた点にあるものと、整理することができよう（なお、③の点からは、アメリカ法における公正代表義務的な発想への親和性を指摘できるかもしれない。）。その上で、今後、同判決を受けて、立法府が労働協約法4a条についてどのような形をもって上記にいう安全措置を施すかは、注視していく必要がある。

　むろん、多数組合と少数組合の対立構造や、少数組合の協約締結権の法的位置付け（この点は、【付録】も参照。）等、問題の前提状況が日本とドイツとでは大きく異なることからすれば、本判決から日本法にどのような示唆が得られるかは、慎重にみてゆく必要があろう。しかしいずれにせよ、本論の**第7節**でみたように、今後、経済のデジタル化やグローバル化による労働社会のドラスティックな変容が予想されるなかで、労働協約システムが果たしうる役割に対しより一層の期待が寄せられているドイツにおいて、同システムをめぐる法政策につき（部分的とはいえ）違憲判断が下されたことの意義は決して小さく見積もるべきではない。この点については、同一労働同一賃金や長時間労働の是正といった文脈のなかで、集団的労使関係をめぐる法政策的議論が今後胎動をみせるかもしれない我が国においても、「他山の石」とすべきではなかろうか。

【注】

1 　本章における記述は、山本陽大『労働政策研究報告書No.193・ドイツにおける集団的労使関係システムの現代的展開』（JILPT、2017年）に、多くを負っている。本章においては、紙幅の関係上、舌足らずの感が否めない箇所が多々あるが、これらの点については、同報告書を併せて参照いただければ幸いである。

2 　戦後のドイツにおける集団的労使関係法制の展開については多くの優れた先行研究が存在するが、これを簡潔に整理した最近の研究として、野川忍「崩壊から再生へのもがき－1950年のドイツ労使関係法制」季刊労働法257号（2017年）43頁がある。

3 　菅野和夫『労働法（第11版補正版）』（弘文堂、2016年）21頁。

4 　ドイツにおける集団的労使関係システム、とりわけ労働協約システムの今日的変化を俯瞰的に論じた最近の研究として、榊原嘉明「ドイツ労使関係の変化と協約法制の現在」日本労働法学会誌124号（2014年）154頁、岩佐卓也『現代ドイツの労働協約』（法律文化社、2015年）がある。また、これらのほか、特にドイツにおける労働協約システムをめぐる法理論の変容に焦点を当てて検討を行うものとして、名古道功「ドイツ集団的労働法理論の変容」『西谷敏先生古稀記念論集・労働法と現代法の理論』（日本評論社、2013年）427頁、桑村裕美子『労働者保護法の基礎と構造』（有斐閣、2017年）99頁以下がある。

5 　基本法9条3項の規範的意義について、詳しくは、榊原嘉明「ドイツは協約自治を放棄したのか？」『毛塚勝利先生古稀記念論集・労働法理論変革への模索』（信山社、2015年）719頁、山本・前掲注（1）報告書10頁以下を参照。

6 　協約締結能力論の詳細については、植村新「労働協約締結権の再構成」日本労働法学会誌126号（2015年）155頁、桑村・前掲注（4）書59頁以下を参照。

7 　BAG 2.8.1963, AP Nr.5 zu §9 TVG = DB 1961, 1089.

8 　ドイツ最大の産別組合である金属産業労働組合（IG Metall）の協約交渉の概要について、山本・前掲注（1）報告書27 - 28頁を参照。

9 　かかる経緯については、差し当たり、山本・前掲注（1）報告書6頁以下を参照。

10 　なお、ドイツにおいても労働組合－個別使用者間で企業別労働協約（Firmentarifvertrag）が締結されることもあるが、この場合にも労働組合側の締結当事者は産別組合であるのが通例となっている。ドイツにおける企業別協約をめぐる法理論と実態については、山本・前掲注（1）報告書118頁以下を参照。

11 　ドイツにおける従業員代表システムについては、藤内和公『ドイツの従業員代表制と法』（法律文化社、2009年）による詳細な研究がある。

12 　詳細については、藤内・前掲注（11）書47 - 48頁を参照。

13 　ドイツ法における協約優位原則（および開放条項）をめぐる議論については、大内伸哉『労働条件変更法理の再構成』（有斐閣、1999年）182頁以下、荒木尚志『雇用システムと労働条件変更法理』（有斐閣、2001年）152頁以下において、簡潔に整理されている。また、協約優位原則に関する詳細な判例分析および実態分析を行ったものとして、毛塚勝利「二元的労使関係と企業内労働条件規制」静岡法経論集

54・55巻（1985年）171頁、同「組合規制と従業員代表規制の補完と相克」『企業レベルの労使関係と法：欧米四ヶ国の比較法的研究』（勁草書房、1986年）213頁がある。

14　その実相については、山本・前掲注（1）報告書95頁以下を参照。

15　なお、かかる変容には、本文中で取り上げたもの以外にも、①労働協約システムについては、労働条件規整権限の産業レベルから事業所レベルへの「分権化（Dezentralisierung）」という問題が、②また従業員代表システムについては、労働組合の支配を離れた事業所委員会の登場という問題がある。いずれについても、**第4節**以下において検討する立法政策の対象とはなっていないことから、本章では検討を割愛することとしたが、ドイツの集団的労使関係をみる上で、重要な問題といえよう。このうち、①の問題の現在については、山本・前掲注（1）報告書107頁以下、また②の問題については、『労働政策研究報告書No.L-9・諸外国における集団的労使紛争処理の制度と実態』（JILPT、2004年）34‐35頁〔毛塚勝利執筆部分〕を参照。

16　労働協約システムの変容にかかる詳細については、差し当たり、山本・前掲注（1）報告書52頁以下を参照。

17　この問題に関する労働法学における代表的文献としては、名古道功「大量失業・グローバリゼーションとドイツ横断的労働協約の『危機』」金沢法学43巻（2000年）2号55頁、橋本陽子「第2次シュレーダー政権の労働法・社会保障法改革の動向」学習院法学会雑誌40巻2号（2005年）173頁、榊原・前掲注（4）論文154頁がある。

18　IAB-Betriebspanel 2016.

19　かかる推移については、DGBのHP（http://www.dgb.de/uber-uns/dgb-heute/mitgliederzahlen）を参照。

20　その実相については、岩佐・前掲注（4）書20頁以下に詳しい。

21　例えば、金属産業における使用者団体の上部団体である金属連盟（Gesamtmetall）の統計（https://www.gesamtmetall.de/branche/me-zahlen/zahlenheft/mitgliedsfirmen-und-beschaeftigte-den-verbaenden-von-0）によれば、同連盟に加盟している企業のうち、協約の適用を受ける加盟企業は、1990年の時点では、9,365社であったのが、2015年には3,528社にまで減少している。一方、OTメンバーである加盟企業に関しては、2005年時点では、1,432社であったのが、2015年には3,483社にまで増加している。

22　BMAS, Verzeichnis der für allgemeinverbindlich erklärten Tarifverträge (Stand:1. Januar 2017), S.7によれば、一般的拘束力宣言を受けている労働協約数は、1990年代には600件を超えていたのが、2016年には444件にまで減少している。

23　詳細について、山本・前掲注（1）報告書20頁以下を参照。

24　BAG 14.12.2004, AP Nr.1 zu §2 TVG = NZA 2005, 697. 同判決につき、桑村・前掲注（4）書106頁を参照。

25　vgl. etwa *Wiedemann*, Tarifvertragsgesetz, 7.Aufl., 2007, S.1284ff〔*Wank*〕.

26　etwa BAG 7.7.2010, NZA 2010, 1069ff.　この点については、名古・前掲注（4）論

文438‐439頁および桑村・前掲注（4）書114頁以下に詳しい。

27　IAB-Betriebspanel 2016.

28　vgl. *Behrens/Dribbusch*, Arbeitsgebermaßnahmen gegen Betriebsräte: Angriffe auf die betriebliche Mitbestimmung, WSI-Mitteilungen 02/2014, S.140.

29　この点に関する最近の研究として、川田知子「ドイツ労働法における立法政策と人権・基本権論」日本労働法学会誌129号（2017年）29頁を参照。

30　この間の経緯については、山本・前掲注（1）報告書61頁以下を参照。また、連立協定は、以下のURLから閲覧が可能である。（https://www.cdu.de/sites/default/files/media/dokumente/koalitionsvertrag.pdf）

31　この点につき、毛塚勝利「ドイツにおける雇用・労使関係政策の新たな局面」連合総研レポート（DIO）290号（2014年）4頁、榊原・前掲注（4）論文154頁、桑村・前掲注（4）書129頁以下も参照。

32　vgl. *Bispinck*, Allgemeinverbindlicherklärung von Tarifvertragen – vom Niedergang zur Reform, WSI-Mitteilungen 07/2012, S.496. また、ラインハルト・ビスピンク＝トアステン・シュルテン（榊原嘉明〔訳〕）「ドイツ労働協約システムの安定化と一般的拘束力宣言制度改革」比較法雑誌47巻4号（2014年）153頁も参照。

33　ドイツの法定最低賃金制度に関する最近の研究として、岩佐・前掲注（4）書129頁以下、和田肇「ドイツにおける最低賃金制度の意義と課題」季刊労働法254号（2016年）24頁も参照。

34　榊原・前掲注（4）論文162頁。また、ドイツにおける低賃金労働者の拡大については、皆川宏之「ドイツにおける非典型労働と低賃金」『労働者像の多様化と労働法・社会保障法』（有斐閣、2015年）383頁以下も参照。

35　この間の経緯については、岩佐・前掲注（4）書129頁以下において、極めて詳細な分析がなされている。

36　ドイツ連邦政府のHPを参照。（http://www.bundesregierung.de/Content/DE/Artikel/2014/04/2014-04-02-mindestlohn-kabinett.html;jsessionid=F5F7FF437D1B6235 58D2F3C4C61646B3.s3t1）

37　詳細については、「第2章 ドイツ」『資料シリーズNo.181・諸外国における最低賃金制度の運用に関する調査』（JILPT、2017年）25頁〔飯田恵子執筆部分〕を参照。

38　2016年6月28日の「最低賃金法9条に基づく最低賃金委員会の決議」（http://www.mindestlohn-kommission. de/DE/Bericht/pdf/Beschluss2016.pdf?_blob=publicationFile&v=8）を参照。

39　前掲注（38）・「最低賃金法9条に基づく最低賃金委員会の決議」の「理由」部分を参照。

40　「協約に開かれた法規（tarifdispositives Recht)」に関しては、桑村・前掲注（4）書65頁以下に詳しい。

41　この点については、榊原・前掲注（5）論文733頁以下、和田・前掲注（33）論文31頁以下、桑村・前掲注（4）書132‐133頁、川田・前掲注（29）論文34頁以下

も参照。

42　労働者送出法に基づく最低賃金制度については、差し当たり、山本・前掲注（1）
報告書40頁を参照。

43　山本・前掲注（1）報告書14頁を参照。

44　vgl. etwa *Preis/Ulber*, Die Verfassungsmäßigkeit des allgemeinen gesetzlichen
Mindestlohns, Arbeitspapier, Arbeit und Soziales Nr. 305, 2014, S. 36; *Schubert/Jerchel/
Düwell*, Das neue Mindeslohngesetz, 2015, S.46f; Waltermann, Arbeitsrecht, 18.Aufl.,
2016., S.200.

45　*Schubert/Jerchel/Düwell*, a.a.O.(Fn.44), S.47.

46　*Henssler*, Mindestlohn und Tarifrecht,RdA 2015, S. 46.

47　Frankfurter Allgemeine, 4. Juli. 2014.

48　協約単一法については、桑村・前掲注（4）書135頁以下にも詳しい。

49　この共同声明については、DGB の HP（http://www.dgb.de/themen/++co++
81408d58-6fc6-11df-59ed-00188b4dc422）から閲覧することが可能である。

50　vgl. *Waltermann*, a.a.O.(Fn.44), S.242.

51　この点につき、医師にかかる専門職組合であるマールブルク同盟の HP（https://
www.marburger-bund.de/projekte/projektuebersicht/freiheit-statt-tarifdiktatur/faq）
を参照。

52　*Scholz/Lingemann/Ruttloff*, Tarifeinheit und Verfassung, NZA-Beil.1/2015, S. 3.

53　この点につき、BDA の HP（http://www.arbeitgeber.de/www/arbeitgeber.nsf/id/
de_gesetzliche-tarifeinheit-verfassungsgemaess）を参照。

54　代表的な文献としては、*Konzen/Schliemann*, Der Regierungsentwurf des
Tarifeinheitsgesetzes,RdA 2015, S. 1を参照。

55　連邦憲法裁判所法32条1項は、「連邦憲法裁判所は、係争事件において、重大な
不利益の防除のために、差し迫る暴力の阻止のために、またはその他の重要な理由
から公共の福祉のために緊急に必要である場合には、仮命令によって状態(Zustand)
を仮に規律することができる」と規定する。

56　BVerfG 6.10.2015, NZA 2015, 1271ff.

57　同改正の詳細については、改正法案の邦語訳も含めて、山本陽大＝井川（山本）
志郎「ドイツにおける労働者派遣法および請負契約の濫用規制をめぐる新たな動向」
労働法律旬報1872号（2016年）36頁を参照。

58　同指令の詳細については、濱口桂一郎『EU の労働法政策』（JILPT、2017年）385
頁を参照。

59　かかる経緯については、本庄淳志『労働市場における労働者派遣法の現代的役割』
（弘文堂、2016年）308頁以下に詳しい。

60　同法案解説は、以下のURLから閲覧が可能である。（http://dahmen-personal.de/
wp-content/uploads/2016/07/AÜG-Reform-Entwurf-für-den-Bundestag.pdf）

61　このような派遣労働協約の一例を紹介するものとして、西村純＝山本陽大「ドイ

ツにおける派遣労働者に対する労働協約上の規範設定」労働法律旬報1855＋56号（2016年）55頁以下がある。

62　ドイツにおける派遣労働の低賃金労働化の経緯については、岩佐・前掲注（4）書189頁以下に詳しい。

63　これは、改正法施行以前より既に、DGB系産別組合と派遣元使用者団体との間で締結されていた、いわゆる産業別割増金協約（Tarifvertrag über Branchenzuschläge）を尊重する趣旨に出たものと考えられる。産業別割増金協約の実際については、西村＝山本・前掲注（61）論文65頁以下を参照。

64　BVerfG 29.12.2004, AP Nr.2 zu §3 AEntG. 同決定については、差し当たり、川田知子「ドイツ労働者派遣法における均等待遇原則の憲法適合性」亜細亜法学44巻1号（2009年）191頁を参照。

65　日本における政府レベルの取り組みとして、厚生労働省『「働き方の未来2035」報告書』（2016年8月）〔http://www.mhlw.go.jp/file/06-Seisakujouhou-12600000-Seisakutoukatsukan/0000133449.pdf〕がある。また、この問題に関する欧州レベルでの議論の概況について、濱口桂一郎「欧州におけるデジタル経済と労働に関する動向」JCM313号（2017年）26頁を参照。

66　かかるWBの概要については、山本陽大「第四次産業革命による働き方の変化と労働法政策上の課題」Business Labor Trend 2017年8・9月号46頁を参照。なお、WBの全文は、下記のURLから閲覧が可能である。（http://www.bmas.de/SharedDocs/Downloads/DE/PDF-Publikationen/a883-weissbuch.pdf?__blob=publicationFile&v=8）

67　なお、第一次産業革命は水力・蒸気力を用いた機械化を、第二次産業革命は電気およびベルトコンベヤーを用いた大量生産を、第三次産業革命はエレクトロニクスおよびITを用いた生産の自動化を指す。

68　この点については、川野俊充「インダストリー4.0の現状と将来」JCM313号（2017年）14頁も参照。

69　ただし、第四次産業革命の議論においては、基本的にドイツの製造業が念頭に置かれているのに対して、かかる労働4.0の議論は、製造業に限らず、すべての産業分野（Branche）をその射程に収めるものとなっている。

70　この間の経過については、「JILPT海外労働情報：ドイツ（2015年12月）」（http://www.jil.go.jp/foreign/jihou/2015/12/germany_01.html）も参照。

71　このことは、とりわけ労働時間政策の分野において顕著である。すなわち、現在ドイツにおいては労働時間法（Arbeitszeitgesetz）によって、労働時間について上限規制および休息時間規制が行われているのであるが、今回のWBは、柔軟でイノベーティブな働き方の促進という観点から、一定の場合については、かかる労働時間法による規制から逸脱した働き方を可能とする内容の法政策（労働時間選択法〔Wahlarbeitszeitgesetz〕の整備）を提案している。ただし、上記・逸脱のためには、労働協約および事業所協定の締結が要件とされており、それによって柔軟な働き方

にかかる労働者側の要請と使用者側の要請が適切に調整されることが期待されている。この点については、山本・前掲注（66）論文50頁を参照。

72 *Behrens/Dribbusch*, a.a.O.(Fn.28), S.140.

73 ただし、WBでは、使用者に生じる負担の観点から、事業所組織法111条を参考に、かかる提案の対象は労働者数300人以上の企業に限定すべきとされている。

74 **第7節 2** でみた、"労働4.0" WBの第4章第6節も参照。

75 この点につき、榊原・前掲注（5）論文735頁および川田・前掲注（29）論文43頁も同旨。

76 この点に関する最近の論稿として、大内伸哉「憲法の沈黙と労働組合像」法学教室416号（2017年）27頁がある。

第2章

フランス
－労働協約システムの歴史的形成と現代的展開－

細川　良

第1節　はじめに

　本章においては、フランスにおける労働協約システムの展開と現状を明らかにする。そしてまずフランスにおける集団的規範設定システム（労働条件決定システム）がいかなる特徴を有している（いた）のかを明らかにし、他方で、フランスの集団的規範設定システムが、近年においていかなる変容を示しており、またそこにどのような社会的／政策的背景が存在するのかについて、検討を行うものである。

　具体的には、まず**第2節**において、フランスにおける労働協約に関わる伝統的な法システムについて、その特徴を明らかにする。すなわち、フランスにおける伝統的な労働協約システムの枠組みについて、それが形成されてきた歴史的経緯を確認する（**1**）。その上で、フランスの労働協約システムの概要を示しつつ、それがいかなる特徴を有しているものであるかを明らかにする（**2**）。

　第3節においては、1980年代におけるいわゆるオルー改革に端を発した、集団的労使関係に関する法政策の展開（**1**）、およびそれに伴うフランスの伝統的な集団的規範設定システムへの影響について検討する（**2**）。すなわち、まずオルー改革以降の集団的労使関係システムに関する法改革・法政策について、義務的団交事項の法定とその後の拡大（**1**(1)）、2000年代に行われた、有利原則の撤廃を中心とした集団的規範設定システムの改革、すなわち2004年のフィヨン法および2008年法によってもたらされた、フランスの伝統的労働協約システムにおける規範設定の階層性（有利原則）の撤廃（**1**(2)）、および労働組合の代表性をめぐる制度改革（**1**(3)）につい

81

て、その背景および改革の内容を確認する。その上で、これらの法改革・法政策により、既に1968年になされていた企業内組合支部の設置および企業レベルでの団体交渉の承認と相まって、企業レベルの集団的規範設定システムにどのような変化をもたらしたのか、産業レベルの規範設定システムおよび企業レベルの規範設定システムとの間にどのような変化をもたらしたのかについて検討する（**2**）。

　最後に**第4節**においては、2016年に行われたフランスの労働法制の大改革（いわゆる Loi Travail）について、それまでの検討を踏まえた上で、その背景について考察するとともに、同改革によっていかなる変化がもたらされうるのか、若干の考察を行うことにしたい。

　なお、フランスの企業レベルにおける集団的労使関係においては、従業員代表機関である企業委員会（comité d'entreprise）が存在している。とりわけ近年においてはその機能が重要視されるようになりつつあるが、他方で、フランスの企業委員会は、あくまでも情報提供および協議のための機関であることが法律上明確に定められており、使用者（団体）と交渉を行った上で協約（協定）を締結する権限は、基本的には労働組合のみに独占的に付与されてきた。このことから、本章においては、企業委員会の制度および機能については、必要な限りにおいて、言及することとし、企業委員会についての詳細な検討は別の機会に譲ることとする。

第2節　フランスの労働協約システム―その形成過程[1]

　フランスにおける労働協約システムの大きな特徴としてしばしば指摘されるのは、以下のような点であろう。すなわち、第一に、その実態をとらえた上での特徴であり、労働組合の組織率が8％弱[2]と非常に低いにもかかわらず、労働協約の適用率が90％を超えるという非常に高い水準を保っているという点である。そして第二に、その制度面に着目すると、上記の労働協約の適用率の高さが、代表的労働組合および産業別労働協約の拡張適用制度という独特のシステムによって支えられてきたという点が挙げられる。フ

ランスの労働協約システムが有するこれらの特徴は、'協約自治' の伝統が確立されてきたとされるドイツや、労働組合および使用者団体の極めて高い組織率を背景に強力な労使自治を実現してきたスウェーデンなどとは明らかに異なったものと言えるであろう。その意味で、フランスの労働協約システムは、しばしば19世紀後半から20世紀初頭にかけて「発明」され、国家の支援の下に確立された、「人工的」なシステムであると評価されている[3]。

　フランスのこうした伝統的な労働協約システムは、フランスにおける労働組合（運動）および労働協約システムが確立されてきた歴史的な経緯の中で生み出されたものである。こうしたフランスの伝統的労働協約システムについては、後に**第3節**において述べるように、1980年代以降のフランスにおける労使対話の促進政策、およびいわゆる分権化の促進政策を通じて、一定の変化が生じている。しかし、フランスにおける労働協約システムの現状を理解するためには、その前提として、フランスの伝統的労働協約システムがいかなるものであるかを理解しておく必要がある。そして、フランスの伝統的労働協約システムを理解するには、その歴史的形成過程の理解が不可欠であろう。そこで、本節においては、フランスの伝統的労働協約システム、およびこれを支える代表的労働組合制度、ならびに労働協約の拡張適用システムが形成されてきた歴史的経緯を検討した上で（**1**）、そのシステムの概要と特徴を確認する（**2**）。

1 フランスにおける伝統的労働協約システムの形成[4]

　上記のとおり、フランスの労働協約システムは、労働組合の低組織率にもかかわらず労働協約の適用率が非常に高いこと、およびそれを支えるものとして代表的労働組合制度および労働協約の拡張適用制度が存在することが、その大きな特徴である。そして、これらの特徴がフランスにおいて生じたのは、労働組合（運動）の発展過程およびこれらの制度が確立した歴史的経緯が大いに関係している。そこで、ここでは労働協約の拡張適用制度および代表的労働組合制度の形成過程、およびその背景にあるフランスの労働組合（運動）の発展の過程を概観する。

(1) フランスにおける労働組合の誕生と組合運動の展開

　フランスの労働組合の淵源は、アンシャン・レジーム期の職人組合にあるとする見解が一般的である。この当時、様々な職人団体が組織化されていた。そして彼らにより、労働条件の維持改善を目的とした相場としての賃率を遵守すべき旨を定めた、集団的な協定が結ばれるようになった。こうした協定の中には、単に職人のみが相互に協定したのみならず、親方（使用者）がこれを受諾した賃率協定も存在した。こうした、親方（使用者）が職人団体と締結した協定は、親方に対して隷属的な立場に立ち、対立する関係にある職人組合が、その親方たちと賃率についての協定を結んだものと言える。こうした点を捉えて、これらの賃率協定は、労働協約の起源または萌芽と捉えることができると評価されている[5]。

　その後、フランス大革命を経て、1791年のル・シャプリエ法（loi Le Chapelier)[6]があらゆる職業団体の結成を（さらには職業上の利害を目的とした集会をも）禁止し、労働者の団結を一切禁止したことはよく知られたことである。もっとも、上記のような賃率協定は、実際には引き続き活発に成立し、ル・シャプリエ法の成立後も、その当初は行政当局によって認可されることがあったようである[7]。しかし、その後の刑法による違法化に伴って、こうした賃率協定は下火へと向かうようになり、1848年の二月革命期を除いては、影を潜めた状態となった。

　その後、1864年5月25日の法律による団結（コアリシオン）の罪の廃止に伴う、事実上の団結および同盟罷業の解禁を経て、労働組合の設立に関する1884年3月21日の法律－いわゆるワルデック・ルソー法（loi Waldeck-Rousseau)－により、フランスにおいて団結権が法的に確立されることとなる[8,9]。この19世紀後半における職業組合は、かつての同業組合（コルポラシオン）がそうであったように、職業集団たる組合員の利益を守ることが主たる目的であったようである。その意味で、この時期の職業組合は、大革命の結果かつての同業組合が消滅したことにより生じた空白を埋める機能を有していたということができよう。同時に、この時期の職業組合は、20世紀に入って以降に本格的に確立することとなるフランスの労働組合および労働協約システムに影響を与え、その橋渡しとしての役割を果たしたもの

とも評価できよう。

　20世紀に入ると、1901年に結社の自由法および集会・出版の自由法が制定されたのを契機に、フランスにおいても近代的な労使関係が形成されていくこととなる。すなわち、いわゆるサンディカリスム（Syndicalisme）の普及と相まって、まず労働者の側において、初期には工場労働者、続いてホワイトカラー労働者の順に、労働組合が形成されていった。次いで商工業における管理職が「職種別」の組合を形成していくことになる[10]。他方で、使用者の側においても「組合」が形成されていくことになった。このように、労働者および使用者の双方において、職業（集団）の利益を守ることを目的とする「組合」が形成されていったのである。

　この時期におけるフランスの労働組合運動は、労働者の生活および労働条件の改善を追求し、時には社会の変革の追求を伴うものであった[11]。この「組合員のみならず、労働者一般の生活および労働条件の改善」のために、時には社会の変革をも追求するというサンディカリスムの考え方は、後に確立する代表的労働組合、あるいは労働協約の拡張制度を中心とした労働協約システムの在り方に大きな影響を与えた点で、重要である。

　この時期における労働組合運動のもう1つの重要な特徴は、（賃金）労働者にかぎらず、職業に従事するあらゆる者について団体（組合）を結成する自由が認められ、現に非常に様々な職種において労働組合が形成され、組合活動の自由が行使されたという点である。その代表例は、独立労働者（自営的就業者）による組合である。すなわち、手工業者、商人、農業従事者のほか、医師・弁護士といった自由業者も、専門職の同業団体とは別に、職業利益集団としての組合を結成していた[12]。そして、さらに重要なことは、破毀院（Cour de cassation）[13] が、こうした職業に従事する者が幅広く結成した組合について、労働協約の当事者足りうるか否かをどのような基準で判断したのかという点にある。すなわち破毀院は、組合が労働協約の当事者足りうるか否かについて、それが職業組合（syndicat professionnel）であるか、事実上の集団（groupement de pur fait）にすぎないかという基準によって区別を図ったのである。そして、職業組合であるか否か、ひいては労働組合と認められるか否かは、「職業における集団的な利益－すなわち、職業に固有の利

85

益であって、個人的な利益に含まれないもの－」を代表する者であるか否か
によって決せられた。これにより、労働組合は当該職業における全体の利益
を代表する権利を有するという考え方が確立されたのである。こうした判例
の見解は、後の1920年法によって、法律上も確認されることとなった。こ
の時期に確立した「労働組合は当該『職業』における全体の利益を代表する」
という考え方は、その後のフランスにおける代表的労働組合というシステ
ムに理論的な基礎を与えるとともに、労働組合が「『職業』の利益を代表す
る者である」という考え方の帰結として、フランスにおける労働協約に「職
業の法」としての色彩を与えることとなった。このことが、ひいては産業別
労働協約の拡張適用制度の理論的基礎となったのである。

(2) 労働協約の拡張適用制度の制定と代表的労働組合概念の確立

⑦ 労働協約の誕生

　既に述べたように、フランスにおける労働協約の歴史的淵源は、アン
シャン・レジーム期における同業組合による賃率協定にあると考えられ
ている。そして、その後の大革命期における団結の否認から1884年法お
よび1901年法による団結の承認を経て、20世紀に入ると労働協約の締結
数が増加に転じることとなった。

　こうした事実上締結されていた労働協約に対し、当初の判例は、組合に
よる協約の締結が個人の自由を侵害するとして、一貫して否定的な立場を
とっていた。しかし、1884年のワルデック・ルソー法3条が、職業組合
の目的として「組合員の経済的利益の擁護」を掲げていたことから、判例
は、労働協約に契約上の効力を認める立場に転じることとなる[14]。

　もっとも、この時期の労働協約は、あくまでも私法上の契約にとどまる
とされていた。その結果、私法上の基本原則である契約の自由の原則に服
するものと考えられていたのである。その帰結として特に重要な点は、契
約の相対効の原則（民法典1165条）が適用されることにより、労働協約
はその当事者相互間においてのみ効力を有し、第三者を拘束することはで
きないとされたことにある。すなわち、締結組織に加入する使用者と、労
働組合員を代表し、労働組合の名義で協約を締結することを委任された労

働組合員にのみ、労働協約の署名権限が与えられ、かつ、その効力は当該
組合に所属する組合員以外には対抗しえないとされたのである。加えて、
協約が加入者による委任に基づく契約であると解されていたことから、加
入者は脱退によりその委任を解除でき、協約の効力から離脱することが可
能であった。また個々の加入者が協約の定めに反する契約を締結すること
も、単に当事者がその合意によって新たな契約を締結するにすぎないもの
として、許容されていた[15]のである。

イ 1919年法[16]による労働協約の立法化

　フランスにおいて労働協約制度を初めて立法化したのは、1919年3月
23日の法律[17]である。この1919年法は、労働協約の条項に反する労働契
約の条項が、書かれていない（non écrit）ものとみなされ、労働協約の条
項に法律上当然に置き換えられることを規定した。すなわち、労働協約の
規範的効力を承認したという点で非常に重要な立法であった。その一方
で、同法は、伝統的な契約法の自由主義的な理論もなお維持していた。す
なわち、1919年法の段階では、労働協約の締結における組合員による委
任の必要、締結の自由（具体的には、協約当事者の範囲を幅広く認めたこ
と）、内容の自由に加え、契約の相対効（脱退による協約の適用からの離
脱の可能性の容認）の原則が保たれていた。そのこともあり、1919年法
の成立は、労働協約の締結を劇的に増加させるには至らなかった[18]。同法
は伝統的な契約法の理論をなおも維持し、脱退による協約の適用からの離
脱の可能性を容認していたため、協約の拘束により自由が失われることを
危惧した者が（使用者のみならず、労働者の側からも）、組合からの脱退
によりこれを逃れようとすることが少なくなかったのである。その結果、
労働協約を締結したとしてもその遵守が十分に確保されないとして、労働
協約の締結に消極的な態度が広がったのである[19, 20]。

ウ 1936年法・1950年法による労働協約の拡張適用制度の確立と代表的
　労働組合システムの誕生

　これまでも述べてきたように、フランスの労働協約システムの最大の

特徴の1つは労働協約の拡張適用制度にあると言える。そして、この労働協約の拡張適用システムを導入したのが、1936年6月24日の法律（以下1936年法）である。その意味で、1936年法は、現代のフランス労働協約システムの基礎となった法律と言える。実際、この拡張適用制度の導入を契機に、フランスの労働協約システムは劇的な発展を遂げることとなった[21]。

(ア) 1936年法の制定過程〜マティニョン協定の意義

　ここで、1936年法の内容に入る前に、同法の制定過程において重要な点を指摘しておく。1936年法は、同年5月の総選挙によって成立した人民戦線（Front populaire）内閣によって成立したものであるが、同法が成立する直前の1936年6月8日に成立した、いわゆるマティニョン協定（Accords de Matignon）が重要な意味を有している[22]。マティニョン協定は、大規模なゼネストの収拾のために、使用者団体のフランス経営者総同盟（Confédération générale du patronat français、以下CGPF）の代表と、フランス労働総同盟（Confédération génerale du travail、以下CGT）の代表との間を政府が仲介して成立したものである。その内容は、①労働者の言論の自由および労働組合に加入する自由の承認、②賃金の増額、③従業員代表委員（délégué du personnel）の設置等を内容とするものであった。そして、とりわけ1936年法との関係で極めて重要なことは、この協定がCGPFとCGTという労使の代表的な組合組織によって締結され、しかも両組合組織が当時のフランスの全使用者および全労働者を包摂している団体ではなかったにもかかわらず、協定の締結当事者ではなかった（すなわち、1919年法による労働協約の原則からすれば協定に何ら拘束されるものではなかった）労働組合および使用者が協定の内容を尊重したことにより、その効果がフランスの労使全体に実質的に強行的な作用をもたらした点にある。これにより、労使の「代表」によって締結された協定が、「組合」に加入しているか否かにかかわらず、すべての使用者および労働者に適用されるという実態が生じたのである。このことは、「代表的労働組合」概念、および（非組

合員および使用者団体に加入しない使用者にも労働協約が適用されることになる）労働協約の拡張適用制度について、その社会的基盤を与えることとなった。加えて、マティニョン協定の締結が使用者団体および労働組合（CGT）の組織力の拡大をもたらした[23]ことも、1936年法による労働協約の拡張適用制度の基盤の整備をもたらしたという点で重要であった[24]。

㈠　1936年法[25]による労働協約の拡張適用制度の成立と1950年法

　1936年法の重要な特徴として、まず労働協約の締結を促進するため、国家がこれに一定の関与を行うことを認めた点が挙げられる。すなわち、労働大臣[26]または県知事[27]は、労使当事者の一方による請求もしくはその職権により、労働協約の作成・締結を目的とする労使混合委員会（Commission mixte）を招集することで労使当事者の協議の場を整備し、労働協約の締結を促すこととされたのである[28]。

　そして、1936年法の最も重要な点は、労働大臣のアレテ（arrêté）[29]を通じて、公権力が労働協約の拡張適用の手続を行うという制度を新たに設けたことである。すなわち、特定の地域または産業部門[30]における最も「代表的な」組合（syndicats les plus représentatifs）によって署名された労働協約は、それが必要記載事項（①組合の自由および労働者の言論の自由の承認、②10人以上の従業員を有する事業場における従業員代表委員の設置、③職種別ないし地域別最低賃金、④有給休暇、⑤職業教育、⑥集団的紛争処理の調停仲裁手続の仕組みおよびプロセス）を定めているという実体的要件を満たすものであれば、当事者の申請または労働大臣の職権により拡張適用手続が開始されることとなった。そして、この手続を経て拡張適用のアレテが発せられることにより、当該労働協約は、当該地域の同一の産業部門におけるすべての労働者および使用者に対して（署名組合への加入の有無にかかわらず）拡張適用されることとなった[31]。すなわち、労働協約に署名した使用者団体の構成員ではない企業も、その従業員との関係において当該労働協約を遵守しなければならなくなった。そして、これを下回る内容の労働契約の条項は

89

当然に無効とされ、当該協約の条項に置き換わるとされたのである[32]。

　第三に、この拡張適用制度の導入により、代表的労働組合は、職業における利益の「代弁者（porte-parole）」としての位置付けが明確になった。これ以降フランスにおいては、労使関係における集団的な規範の設定（労働条件決定）に関して、代表的労働組合がすべての労働者の利益を代表するという位置付けがなされ、他方で、労働協約の（直接の）当事者であるか否かの区別がその意義を薄めていくことになったのである。

　1936年法は、その後第二次大戦の勃発に伴う戦時体制への突入に伴い、1939年9月1日の法律によってその効力が停止されることになる[33]。しかし、1944年の国土解放（Libération）後、戦時中に解散させられていたCGT、CFTC等の労働組合も再建された。そして、1946年12月23日の法律（以下、1946年法）により、1936年法のシステムは新たな形で復活することになる。この1946年法は、いわゆるディリジスム（Dirigisme）[34]の影響を色濃く受けるものであった[35]。しかし、1946年法は早々に挫折し[36]、1950年2月11日の法律（以下1950年法）によって廃止されることとなる。この結果、フランスの労働協約法制は、基本的には1936年法の状態に回帰することとなった。すなわち、1950年法は、1946年法の有する統制的な性格を弱め、労働組合と使用者団体との間の自由な契約としての労働協約と、拡張適用手続により当該産業・職業におけるあらゆる企業に適用される「職業の法」としての労働協約との2つの性質を復活させたのである。この1950年法は、現在に至るまでの現代フランスの労働協約法制の基礎をなすものであるが[37]、その基礎は1936年法において既に成立していたとの評価も可能であろう[38]。他方で、1950年法による自由な労働協約システムとその拡張適用制度の復活は、労使の交渉による規範設定という在り方を復活させ、後押しするものとなった。フランスにおいては、1936年の人民戦線内閣においてさまざまな労働立法がなされ、これによる労働条件の法定最低基準の規制は、国土解放後も引き継がれることとなったが、1950年法以降、最低基準を超える部分については労使の交渉に委ねるという姿勢に、次

90

第に傾いていったと言える[39]。

(ウ)　代表的労働組合[40]の成立と五大労組体制の確立

　(イ)で述べたように、1936年法による労働協約の拡張適用制度は、その要件として当該協約が「代表的労働組合」が署名・締結をしたことを挙げている。この代表的労働組合による署名という要件は、1950年法においても受け継がれている。これは、フランスの労働組合が職業の利益を代表するものであるとの考え方に基づくものである。しかるに、そのうちの最も代表的な労働組合が締結した労働協約には、拡張適用手続を通じて「職業の法」としての効果が付与されるのである。この意味で、1936年法および1950年法は、「代表的労働組合が（組合員非組合員にかかわらず）すべての労働者の利益を代表して行動し、労働協約による規範設定を行う」という構図を法的に確立したものと評価することができる。

　そこで問題となるのは、この「代表的労働組合」とは何かという点である。この代表的労働組合の地位は、1936年法の時点においては、当時圧倒的に優位な勢力を誇っていたCGTが事実上独占していた。CGTは、その後ヴィシー体制において解散させられたのち、非合法状態で再建されてレジスタンス（la Résistance）に参加し、国土解放とともに復活する。

　ところが、CGTは、戦後当初こそ統一が保たれていたものの、1947年末に、フランス共産党（Parti communiste français：PCF）に強い影響力を受けていた多数派と、これに反発する少数派との間で分裂することになった[41]。CGTを離脱した少数派は、新たに「労働者の力（Force Ouvrier、以下、CGT-FO）」を結成する[42]。さらに、1944年にはフランス職制＝管理職総連合（Confédération générale des cadres、以下CGC[43]）が結成される[44]。CGCは、企業の多くの管理職（cadre）－技師（ingénieurs）およびその他の上級ホワイトカラー－に加え、技術者（techniciens）または職長（agents de maitrise）を組織しており、労働者全体の利益と異なるこれらの職種の独自の利益を確立し、要求を実現

することを目的に結成されたものであった[45]。

　このようにして、1950年法の段階にあっては、（なおも多数を占めていたとはいえ）CGTが、疑いなくすべての労働者の利益を代表するものとして代表的労働組合の地位を独占することが、認められる状況ではなくなった。そこで、1950年法は、代表的な労働組合につき、一定の基準に基づき、労働大臣がその評価と決定を行う[46]こととした。具体的には、①組合員数（les effectifs）、②独立性（l'indépendance）、③収入（les cotisations）、④組合としての経験および年数（l'expérience et l'ancienneté du syndicat）、⑤占領期における愛国的態度（l'attitude patriotique pendant l'occupation）という5つの要素が基準とされている。

　その後、1966年3月31日のアレテによって、CGT、CFDT[47]、CGT-FO、CFE-CGC、CFTCの5つの組合[48]が、無条件に代表性を有する労働組合と認められた。これ以降、この五大労組を中心とした労働協約による集団的規範設定（労働条件決定）システム[49]の下で、フランスの労使関係が形成されていくこととなったのである。

2 フランスの労働協約システム－その制度的特徴

　ここでは、国際比較の観点からフランスの労働協約システムの特徴を確認する。

(1) 憲法規範における労働基本権の保障

　よく知られているように、憲法規範における労働基本権の保障について、日本においては憲法28条が、団結権、団体交渉権、団体行動権のいわゆる労働三権を保障している。これに対し、フランスにおいて労働基本権を保障するのは、1946年の第四共和政憲法前文であるとされている。そこでは、団結権（第6項）と並んで、争議権が保障されている（第7項）。また、集団的な労働条件決定については、日本のような「団体交渉権」という形ではなく、「代表者を介して、労働条件の集団的決定および企業の経営へ参加」するという、いわゆる「参加権」が規定されている点が大きな特徴である。これは、団結権を基本的な権利として保障しつつ、いわゆる団体交渉権を憲法

92

的な権利として明示的に保障しないという点で、日本とは異なる特徴を有すると言える。また、フランスにおいては、争議権および参加権は、あくまでも個人の権利として保障されているという点に留意する必要がある。その帰結として、争議の実施・参加は、「組合（員）」であることを必ずしも要せず、組合の統制に服する必要はないこととされている。また、団体交渉を行い、労働協約を締結する権限についても、憲法規範の上で労働組合に独占的に付与されているものとは解されていない[50]という点が重要である。

（2）労働組合の法的要件

次に、労働組合として認められる上での法的な要件についてはどうか。特に、集団的労働関係法の適用を受け、あるいは団体交渉に参加し、労働協約を締結する権限を有する労働組合として認められる要件が重要となる。

この点、日本においては、憲法および労組法は、組合結成について、特段の規制を行っていない（自由設立主義）。労組法による各種の保護（労働協約制度や不当労働行為制度など）を受けるためには、一定の要件（労組法2条および5条2項）を満たす必要があるが、その内容は、主体・自主性・目的・団体性・民主性といったものにとどまり、例えば、組織としての社会的な力の保持などは要求されない。この帰結として、団体交渉などの局面においては、複数組合主義に基づく中立保持義務が課されており、基本的には少数組合も対等に団体交渉を行う権利を有することとされている。

それでは、フランスについてはどうか。まず、憲法規範レベルにおいては、団結権は個人の権利として認められていることからも、複数組合主義を明確に採用していることが分かる。現に、フランスには極めて多種多様の労働組合が存在する。その点で、フランスの労働組合法制は、日本と共通していると言える。ただし、これを団体交渉および労働協約の締結というレベルで見た場合には、日本とフランスでは大きく異なっている。すなわち、フランスにおいては、団体交渉に参加し、労働協約を締結する権限を有するには、「代表的労働組合」と認められることが必要とされる。その基準は、法律により、①共和国的価値の尊重、②独立性、③財政的透明性、④当該協約が適用される産業、職業または地域的範囲における2年以上の活動経

験、⑤当該交渉レベルにおいて実施された職場選挙の支持率、⑥主として
その活動および経験から示される影響力、⑦加入者数および資金力によって
決まるとされている。もっとも、実際に決定的な要素となるのは、⑤の職場
選挙における支持率であり、当該交渉および協約の適用範囲において、企業
レベルについては10%、産業レベルおよび全国職際レベルにおいては8%
の支持を獲得することが必要とされている。この結果、交渉および協約の適
用単位において、一定の支持を得られていない組合については、交渉および
協約締結権限を持たないことから、活動が非常に難しいのが実情である。ま
た、労働協約が発効するためには、原則として職場選挙における支持率の合
計が30%超となることが必要とされる（第4節で述べるように、2016年法
以降は、実質的に過半数の支持が要求されることとなる）。この協約の発効
の条件という観点からも、労働組合としての活動が承認されるためのハード
ルが設けられているとも評価できよう。これは、フランスにおいては、労
働組合は「組合員」の代表ではなく、（非組合員も含めた）「すべての労働者」
の代表であると考えられているためであり、この「すべての労働者」を代表
して行動する組合と認められるために、上記の「代表的労働組合」であるこ
とが要求されているのである。

(3) 労働組合の組織形態と組織率

　労働組合の組織形態を見ると、日本とフランスとの違いは明らかである。
すなわち、日本においては企業別労働組合が中心であるのに対し、フラン
スにおいては、産業別労働組合が中心である。なお、フランスにおいては、
労働組合運動が形成されてきた歴史的経緯もあり、全体としては少数ではあ
るものの、地域単位および職種単位の労働組合および労働協約が以前から一
定程度存在し、影響力を有している。その上で、フランスにおいては企業
内に「企業内組合支部」が設置され、団体交渉および労働協約の締結その他
の活動をしている。組織率については、日本においては、かつて高い組織率
であったものの大きく組織率が下がって、現状は約17%であるのに対し、フ
ランスでは以前から組織率は非常に低く、現在は7.7%であるとされる。

第2章　フランス―労働協約システムの歴史的形成と現代的展開―

（4）団体交渉の形態

　以上のような組織形態の際は、団体交渉の形態にも違いを与えることになる。すなわち、日本においては企業・事業場レベルでの団体交渉が中心であるのに対し、フランスの場合、産業レベルの労働組合が中心ではあるものの、企業内にも企業内組合支部を置くことが可能であることから、部門レベル、企業レベルのそれぞれで交渉が実施されることとなる。そして、部門レベルの交渉が企業レベルでの交渉へ与える影響力は、先に述べたように、業種、組合等によって異なるものの、大企業においてはおおむね産業レベルの交渉・協約に対して自律的な関係にあるようである。

（5）団体（協約）交渉法制

　団体交渉に関する法制度についてはどうか。具体的には、団体交渉の実施・使用者による交渉の応諾にかかる規制の有無についてはどうであるか。この点、日本においては、先に述べたように憲法レベルで団体交渉権が保障されている点に特徴がある。その帰結として、労働組合法7条2号により、義務的団交事項に関しては使用者の団交拒否および不誠実交渉は不当労働行為として禁止されている。また、この義務的団交事項については、法律で具体的に列挙されているわけではないが、裁判例および学説においては、非常に幅広く認めるのが一般的な解釈である。

　これに対しフランスは、憲法レベルで日本のような一般的な団体交渉権を保障するという形にはなっていない。しかし、法制度を見ると、現在では法律の明文により義務的交渉事項が規定（労働法典L.2241‐1条以下（部門別交渉）、L.2242‐1条以下（企業別交渉））されている（例：賃金、労働時間etc.）このように、団体交渉の内容に国家（法）が積極的に介入しているという点は、フランスの大きな特徴と言えるだろう。

（6）労働協約の効力

　労働協約が締結された場合の効力についてはどうか。特に、適用範囲がどのように画されるかが重要である。この点、日本においては、原則として労働組合員に対してのみ規範的効力が及ぶとされている（労組法16条）。例外

95

として、事業場単位の一般的拘束力（労組法17条）および地域単位の一般的拘束力（労組法18条）があるが、広く普及しているとは言い難い。特に後者についてはほとんど実例がないのが実態である。

　これに対し、フランスにおいては、そもそも労働協約が締結された場合には、当該協約に署名した使用者が雇用する（非組合員を含む）すべての労働者に対して及ぶ（労働法典L.2254-1条）とされており、適用範囲が組合員に限られないことが基本となっている点で、日本とは大きく異なる制度となっている。これに加え、より重要な制度として、部門別協約については、原則として労働大臣のアレテによる拡張適用の手続が実施される（L.2261-15条以下）という点がある。この結果、当該部門別協約の適用範囲に含まれるすべての使用者およびこれに雇用されるすべての労働者に対して及ぶこととなる。このほか、部門別協約の空白域を埋めるための拡大適用の手続も存在しており、フランスの労働協約は、組合員であるか否かを問わず、幅広く（隅々まで）その射程が及ぶものとされている点で、大きな特徴があると言える。これは、既に述べたように、フランスの労働組合は組合員ではなくすべての労働者を代表するものであり、そこで締結された労働組合は、いわば「職業の法」であると伝統的に考えられてきたことの帰結である。

（7）労働協約の機能

　以上のようなシステムを前提として、労働協約はどのような機能を果たしているのか。日本においては、労働組合・団体交渉が企業単位を基本としていることから、いきおい企業別労働協約が中心となり、当該企業における（特に正社員の）労働条件規整機能を有している（就業規則の内容と連動する場合も多い）。フランスにおいては、部門別労働協約が中心であり、当該部門における最低労働条件（＝企業間における公正競争条件）設定機能が基本である。ただし、大企業においては、部門別協約・交渉からは自律した（より有利・詳細な）協約・交渉が存在することが多い。その意味で、労働協約もまた、フランスにおいては部門レベルと企業レベルでの二元的な関係が生じているものと言える。

(8) 従業員代表機関の有無と役割

労働組合とともに、集団的労使関係の担い手であると位置付けられる従業員代表機関についての法制度はどうか。日本においては、多くの法律に関連して、当該事業場の過半数組合、または（過半数組合がない場合には）過半数代表者が労使協定の締結や意見聴取などの機能を担っているが、常設的な従業員代表機関の制度は存在しない。これに対しフランスでは、従業員数50人以上の企業（事業所）においては、職場選挙によって選出された、企業委員会を設置することとされており、その他の企業については従業員代表委員を選出することとされている。ただし、これらの従業員代表機関は、企業・事業所における福利厚生の管理運営、および経営等に関する情報提供・協議等を行うのが任務であり、原則として、団体交渉および労働協約の締結機能は有さないとされてきた。もっとも、近年は企業内組合支部が存在しない場合等については、交渉・協約締結機能を認める等、従業員代表機関の団体交渉・協約締結権限を認める余地が拡大されてきている。

(9) 就業規則の位置付け

集団的な労働条件規範設定について、日本においては非常に重要な位置付けをされているのが、就業規則である。この、就業規則の位置付けについてはどうか。日本においては、就業規則の制定権者は使用者であるとされ、規律対象の労働条件について見ると、労基法89条各号が定める労働条件を幅広く対象とするとともに、法的効力としても、最低基準効（労働契約法12条）に加え、契約内容規律効（労契法7条）が認められ、集団的労働条件規範設定について、主要な役割を果たしてきている。これに対し、フランスにおいては、就業規則は労働条件規範の設定機能を有さない。すなわち、フランスにおいては、就業規則の制定権者は日本と同じく使用者とされるが、その規律の対象となる労働条件は、安全衛生および懲戒に関する規定のみであり、賃金・労働時間等の労働条件に関する規定はできないとされる。この結果、就業規則の機能は、主として懲戒処分の根拠および手続規定として機能するにとどまり、実質的に労働条件設定機能は無い。

97

（10）法定最低賃金制度

　最後に、国家による労働条件規律規範の１つとして、最低賃金制度についての比較を行う。日本においては、法定最低賃金は、地域別最低賃金（最賃法10条）および特定最低賃金（最賃法15条）の２種類が存在する。そして、最低賃金額の決定主体については、地域別最賃については最低賃金審議会の意見と聴取し、また特定最賃については関係労使の申し出に基づき、必要があれば最低賃金市議会の意見を聴取した上で、厚生労働大臣または都道府県労働局長が決定するとされる。金額決定要素（地域別最賃）は、労働者の生計費、賃金、通常の事業主の賃金支払能力とされ、労使および社会の実情を踏まえて国家が決定するものと評価できる。他方、フランスにおいては、1970年１月２日の法律（現：労働法典L.3231-1条以下）により現行の最低賃金制度（SMIC）が定められている。その決定主体は政府であるが、金額決定要素は物価水準（インフレ率）、購買力、経済状況であるとされ、一定の物価上昇率が生じた場合の自動引上げ条項があるなど、極めて客観的かつ労使の関与を廃したものとなっている。この法定最賃の引き上げは、派生的に産業別（企業別）の賃金協定に関する改定交渉をもたらすことがしばしばあるとされており、賃金決定にもたらす影響がかなり大きいものと言える。

第３節　フランスにおける集団的規範設定システムの現代的展開 －1980年代以降の改革

　フランスにおける集団的労働関係法制は、伝統的に産業レベルの交渉・協約を基本として設計されてきており、企業・事業所レベルにおける交渉および協定には副次的な位置付けしか与えてこなかった。また、フランスの使用者は、伝統的に労働組合が企業内に入り込むことを強く嫌う傾向にあった。企業内に労働組合の支部を設置することが認められるようになり、企業レベルの労働協約の締結が正面から認められるようになったのは、いわゆる五月革命を経た1970年代のことである[51]。

　その後、1980年代初頭に実施されたいわゆるオルー改革を嚆矢として、

フランスの労働政策は、企業レベルを中心とした労使対話の促進を促すとともに、その正当性を確立するための立法政策を実施してきた。ここでは、これらの立法政策について整理する。

1 1980年代以降のフランスにおける集団的労使関係システムの改革

上記の通り、1980年代初頭に実視されたオルー改革以降、フランスの労働政策は、それまでの伝統的な集団的規範設定システム／労働協約システムの在り方を修正する改革を行ってきた。それらは、大きく団体交渉を促進するための改革（**(1)**）、産業別協約と企業別協定との間の「有利原則」の修正（**(2)**）、労働組合の「代表性」の改革（**(3)**）に整理することができる。

(1) 団体交渉の促進のための改革

⑦ 義務的交渉事項の法定

1980年代以降の労使対話促進政策の第一の柱は、義務的交渉事項の法定である。オルー改革の一環である1982年11月13日の法律は、産業レベルおよび企業レベルのそれぞれについて、代表的労働組合との団体交渉義務を定めた。特に、企業レベルについては、企業内に代表的労働組合が存在する場合、基本的な労働条件である実質賃金および労働時間制度について、毎年団体交渉を実施することを義務付けた。

この1982年法によって初めて法定化された義務的交渉事項は、その後、度重なる改正により、その適用範囲が拡大されており、現在では以下のように整理されている。

第一に、毎年交渉することが義務付けられる年次交渉事項は、1982年法により定められて以降変化はない。すなわち、実質賃金、実労働時間、および労働時間の体系が、年次交渉事項とされている。ただし、その後の判例により、交渉義務の範囲が広がりを見せている。判例によれば、実質賃金に関する事項については、個々の労働者の個別の賃金を対象とするものではないものの、基本給のみならず、手当等もその射程に含まれるほか、一定数の従業員の賃金額に影響をもたらしうるような事項についてまで幅広く含まれるとされる[52]。

第二は、当該企業において協約が締結されるまでの間、毎年交渉することが義務付けられる事項である。ここには、男女間の職業上の平等に関する目標およびその達成のための措置、障害を有する労働者の雇用に関する事項、疾病扶助の実施、利益参加・経済的利益参加・企業貯蓄制度の実施が含まれる。このうち、男女間の職業上の平等に関する事項および障害を有する労働者の雇用に関する事項は、協約が締結されて以降も、3年に一度、交渉を実施することが義務付けられている。

　第三は、大企業またはグループ企業[53]において、3年ごとに交渉を実施することが義務付けられる事項である。ここには、主として企業の経営戦略およびそれによる雇用に対する影響に関する事項が定められている[54]。具体的には、GPEC（雇用能力予測管理）と呼ばれる、人材配置の適正化を目的とした人材の予測的管理を行う措置、具体的には当該企業等における職種等の需給予測に基づく職業訓練、人員配置計画に関する事項のほか、職種ないし地理的異動に関する事項、職業訓練に関する事項、パートタイム労働・研修契約の利用見通し等に関する事項、下請企業の雇用等に影響する経営戦略に関する事項等が定められている。

　そして、関連する重要な近年の動向として、労働政策立法における協定ないし行動計画策定の義務付けという手法がしばしばとられていることを指摘する必要がある。すなわち、近年のフランスにおいては、一定の政策立法を定める際、その実現方法について、一定の期間内に労働協約を締結するか、またはこれに代わって使用者が行動計画を作成することを義務付け、これに違反した場合に、社会保障負担の減免の全部または一部を停止する等の経済的な制裁を課すという手法がしばしば用いられている。例えば、労働所得のための2008年12月3日の法律は、組合代表委員が存在する企業において賃金に関する年次交渉義務を遵守しなかった場合、社会保障負担の軽減措置を削減ないし停止するという制裁を規定している。同様に、年金改革に関する2010年11月9日の法律は、従業員数50人以上の企業において、職業上の平等に関して、2012年1月1日までに企業別協定を締結するか、もしくは使用者が行動計画を策定することを義務付け、これに違反した場合に当該企業の賃金総額の1%を制裁金として課すことを

定めている。このほか、2010年11月9日の法律も、「労働における苦痛」に関する企業別協定の締結ないし行動計画の策定を義務付けている。こうした手法を通じて、当該事項についての労使対話を促すという効果が期待されている。

イ　交渉様式の制度化

　フランス労働法典は、**ア**で述べたように、一定の事項についての交渉義務を定めているが、それにとどまらず、その交渉の様式についても詳細に定めている。具体的には、第1回の協議においてその後の協議の進め方を示すこと[55]、使用者が労働組合の代表に対して交付すべき情報[56]、交渉期間中における交渉対象事項に関しての使用者の一方的決定および変更の禁止および交渉期間中における労働協約の破棄の禁止[57]、特定の組合の交渉からの排除の禁止[58]などが定められている。言うまでもなく、これらはすべて「交渉する」ことについての義務であって、協約を「締結する」義務は含まれない[59]。しかし、こうした交渉の様式を制度化することによって、団体交渉を実質的なものとすることが目的とされている[60]。

　なお、交渉に際して、各事項について個別に交渉するか、あるいは複数の事項について包括的に交渉を実施するかについては、従来は法律上の規定が特に存在せず、労使当事者の自由に委ねられていた。これに関連して、2014年3月5日の法律は、義務的交渉事項の全部または一部について包括的に交渉を行い、「『労働生活の質』に関する協約」という包括的協約を締結することを認めた。そして、このようにして締結された協約についてはその効力を3年間とし、その間の年次交渉義務が停止されることを規定した。この立法措置についても、包括的な交渉枠組みによる相互の妥協を引き出し、合意の基礎を見いだすことを促すことで、労使対話を促進することを目的としていると理解されている。

ウ　労働組合支部がない企業における交渉の促進

　フランスにおいては、前述のとおり1968年以前はそもそも企業内に組合支部を設置することが認められてこなかった。そして、企業内における

組合支部の設置が認められるようになって以降も、とりわけ中小企業においては企業内組合支部の設置が進まず、労働組合との団体交渉という形での労使対話の実現が困難なものとなっている。そこで、フランスの労働法政策は、とりわけ1990年代以降、こうした中小企業における労使対話を促進するための立法政策を試みている。

　こうした企業内組合支部が置かれていない企業における労使対話促進政策の中心となっているのは、従業員の選挙によって選ばれた代表者、または労働組合に交渉を委任された労働者による労働協約の締結という手法である。すなわち、企業内に労働組合支部が存在しない場合、拡張適用された産業別協約によって定められた方式により、それによって認められた範囲内において、当該企業の従業員によって選ばれた代表者、または当該産業の代表的労働組合によって交渉を委任された労働者は、使用者との間で交渉を行い、労働協約を締結することが認められている。加えて、2008年8月20日の法律により、一部の労働時間に関する規定など、一定の事項について、企業別協約によって法律上の規定を適用除外することが認められるようになったが、これらの事項については、上記の産業別協約による方式の設定の有無にかかわらず、以下の方法によって企業内組合支部がない企業にあっても適用除外のための協約を締結することが可能となっている。すなわち、第一は、企業委員会または従業員代表委員による協定の締結という方法[61]であり、第二は、当該産業における代表的労働組合に委任された労働者による協約の締結という方法[62]であり、第三は組合支部代表者（représentan de la section syndicale）による協定の締結という方法[63]である。この組合支部代表者とは、新設であることなどの事情から、後述する代表的労働組合と認められるための職場選挙を経ておらず、現時点では団体交渉に参加する権利を有さないが、次期の職場選挙において代表性を獲得することを目的として組合活動を行うことが認められるもののことを言う。この組合支部代表者にも、当該企業に代表的労働組合の組合支部が存在しない場合に限り、一定の範囲の協約の締結の可能性を認めることで、企業レベルでの労使対話の基礎を形成することを目的としている。

（2）有利原則の修正

　オルー改革による団交事項の法定化以降において、フランスにおける労使関係における規範設定システムに関する法政策で理論的に最も重要な意味を持つ[64]のは、（後述する2016年法による大改革の以前においては）2004年のいわゆるフィヨン法および2008年法によって行われた有利原則の修正であろう。

　このフィヨン法による「有利原則」の修正の直接の端緒となったのは、1995年10月31日の全国職際協定[65]であった[66]。この協定は、その後の1999年における修正と併せ、前述した企業内組合支部がない企業における団体交渉の拡大を主な目的とするものであった。そして、1995年の全国職際協定を受けて立法化された1996年法が新たに認めた企業別協定の締結方法は、労働組合以外の者による協約の締結の可能性を認めるものであり、（代表的）労働組合にのみ労働協約の締結権を認めてきたフランス労働協約システムから逸脱するものであった[67]。1996年法が、労使関係における企業レベルでの集団的規範設定（労働条件決定）の促進（＝産業レベルの役割の後退）および代表的労働組合の権限の後退（交渉権限にかかる排他的独占の否定）を、（少なくとも法形式上は）もたらす端緒となったと言えよう。

　1996年法に続き、労使は、2001年7月16日に「団体交渉の抜本的改革の方法および手段についての共通見解」[68,69]を採択した。この文書は、①組合が設置されていない企業における団体交渉について一般的に組合の委任を受けた者に協約締結権を付与すること、②産業部門別交渉と企業別交渉の関係について、産業別協約の承認の下に企業別協定がこれを適用除外しうること、③労働協約の締結に係る多数決主義の採用を推進すること、を主な内容とするものであった。

　この2001年の労使共通見解を受け、フィヨン法は、以下の2つの大きな改正を行った。すなわち、第一に、産業別協約および職種別協定、ならびに企業別協定の有効性を、企業委員会、あるいはそれがないときには従業員代表委員の直近の選挙の第1回投票で少なくとも有効投票の過半数を集めた代表的組合の反対によって覆しうるとすることとした。このことは、多数決原則の導入を部分的とはいえ承認をしたことになり、後述する労働組合の「代

表性」の意義に少なからぬ影響をもたらすこととなる。そして、その第二が、企業別協定により産業部門別協約の規定および一定の法律上の規定を適用除外する自由を幅広く認めたことである。これにより、フランス労働協約システムにおける伝統であった、協約の階層性および労働者に最も有利な規範を適用するという原則、すなわち「有利原則」を大幅に修正したのである[70]。

　これに引き続き2008年法は、労働時間に関する法律上の規定の適用除外について、企業別協定によることを原則とし、産業部門別協定による適用除外規定は企業別協定を欠く場合についてのみ効力を有する旨の改正を行った。この改正は、厳密には産業別労働協約の適用除外を認める趣旨のものではない。しかし、法律からの適用除外を実現する手段として、産業別協約によるのではなく、企業別協定によることを原則としたことは、産業部門別協約こそが集団的な規範を設定し、企業別協定はその枠内において（労働者に有利な方向でのみ）適用についての条件設定を行うことしかできなかったとする伝統的な協約の階層性を覆すものと言えよう。すなわち、（法律からの適用除外について）企業別協定を主たる規範設定手段とし、産業部門別協定はこれを補足するものと位置付けることで、フランスの伝統的労働協約システムにおける規範の階層性の修正を図ったのである。

(3) 代表的労働組合制度に関する改革

　フランスにおける労使関係における規範設定システムに関する法政策を見るとき、1980年代のオルー改革による義務的団交事項の法定化以降、フィヨン法による有利原則の撤廃と並んで重要な意味を持つ政策が、代表的労働組合制度に関する改革である。

　ここでは、代表的労働組合制度の改革がもたらされた背景、改革の内容、およびその影響について概括的に述べる。

　ア　背景

　既に繰り返し述べてきたように、フランスにおいては、団体交渉を実施し、労働協約を締結する権限を有するのは、「代表的労働組合」と認め

られた労働組合に限定されてきた。すなわち、フランス労働法典は、労働協約の労働者側の当事者性について「（労働協約または集団協定は）協約あるいは協定の適用領域における1または複数の代表的組合組織によって」締結されなければならないと規定している[71]。したがって、フランスにおいては「代表的労働組合」のみが協約に署名する能力を有していることになり、いわば労働協約の締結権限がこの「代表的労働組合」に独占されてきたのである。

　そもそも、フランスにおいては、個人の団結の自由を尊重する[72]ため、伝統的に複数組合主義（複数組合の併存）の姿勢が取られてきた。他方で、上記の通り、「代表性」を有すると認められる組合であれば、その協約の適用領域において少数派である労働組合であっても、有効に労働協約を締結することができるとしてきた。これは、理論的には、各労働組合が（それぞれの活動方針を前提として）組合員のみならず、すべての労働者を代表して活動するものであることを前提とした上で、組合間の平等取扱を促進することを目的とするものであった[73]。

　そして、労働協約が組合員のみならず、締結した使用者団体に加入する企業（さらには、拡張適用手続によれば、使用者団体に加入していない企業も含め）に属するすべての労働者に適用されるという極めて広範な効力を有するにもかかわらず、少数派の労働組合が（たとえ多数派の労働組合が当該協約への署名を拒んでいたとしても）労働協約を有効に締結できるというこのフランスに独特のルールは、伝統的な有利原則のもとで、労働協約が労働者の処遇を改善する方向にしか作用しない限りにおいては特段の不都合を生じることはなかった。むしろ、CGTのように極めて戦闘的な組合、すなわち、権利要求活動において先鋭的である組合と、CGT-FOやCFDTのような「経営管理的（労使協調的）」色彩の強い組合、すなわち、使用者との交渉から得られた成果について妥協しやすい組合とのある種の「役割分担」を果たすことを可能としてきた側面があった[74]のである。

　以上のように、少数派の代表的労働組合が協定締結能力を認められるという仕組みは、従来、フランスにおける個々の組合活動の自由の尊重と、

労働協約システムの実際的機能との両立を図る上でむしろ有効に機能してきた。しかし、いわゆる「ギブ・アンド・テイク（donnant-donnant）」交渉－典型的には、雇用の保障等と引き換えに、労働者を保護するいくつかの法規定を排除するいわゆる「適用除外」協定、あるいはその集団的な規範（労働条件）を下方修正するもの－が、このシステムに対する疑義を生じさせることとなる。こうした「ギブ・アンド・テイク（donnant-donnant）」交渉は、1980年代初頭のいわゆるオルー改革以来、雇用の救済および競争力の確保という名目で促進されてきたが、これに対して、こうした方法による適用除外や労働条件の引き下げは、労働者の多数の合意の確保なしには許容されないのではないか[75]との見解が生じ、結果として少数派の労働組合に協約締結能力を認めるフランスの労働協約システムの在り方を大きく揺るがすことになったのである。そこで、これ以降、この種の労働協約の締結を正当化する「代表性」とは何かという議論が生じ、2008年法による労働組合の代表性の改革に繋がることとなったのである。

イ 2008年法による改革

労働組合の代表性に関する改革は、2008年8月20日の法律によって実施された。

この結果、代表的労働組合と認められるための指標として、職場選挙[76]の結果に基づき算定される各労働組合の支持率が用いられることになった。すなわち、企業レベルにあっては10%、産業レベルおよび全国レベルにあっては8%の支持を獲得しない限り、当該交渉レベルにおける代表的労働組合としての資格が認められないこととなったのである。第二に、労働協約の有効性における多数原理の導入である。すなわち、上記の通り、従来は代表的労働組合が1つでも当該協約に署名をすれば、その協約は効力を有することとされていたが、2008年法により、原則として各組合が獲得した支持率の合計が30%を超える1または複数の組合が署名し、かつ支持率の合計が50%を超える1または複数の組合が反対しない、という2つの条件を満たして、初めて当該労働協約の有効性が認められることとなった。

2 1980年代以降のフランスにおける集団的労使関係システムの改革による影響

　それでは、前節で述べたような集団的労使関係システムの改革は、実際にはフランスにおける集団的規範設定システムにどのような影響を与えたと言えるだろうか。結論を端的に先取りして述べるならば、これらの改革は、それぞれが当初予定していたような結果（成果）をもたらしたとは言い難い面が多く存在する一方で、その相互作用によって、結果として企業レベルでの団体交渉および企業別協定の地位を高め、その意味で産業別協約からの「分権化」を生じさせていることもまた事実であると思われる。

（1）団体交渉促進政策と交渉の「活性化」－ 二元的労使関係への影響

　1（1）で述べた団体交渉促進政策は、フランスにおける集団的労使関係システムにどのような影響をもたらしたか。結論から言えば、これらの政策は、フランスにおける企業レベルの交渉を大いに活性化させ、とりわけ大企業を中心に、産業別労働協約から自律した企業レベルの集団的規範設定を促すこととなった。その意味で、フランスにおける集団的規範設定における「分権化」は、2004年のフィヨン法による有利原則の撤廃によって実現したというよりは、1980年代のオルー改革による団体交渉促進政策によって、漸進的に広がっていったと評価するべきであろう。

　前提として、フランスにおける企業レベルの労使関係の沿革を簡単に確認しておくと、第二次大戦後の1945年2月22日のオルドナンスおよび1946年5月16日の法律により、従業員の選挙によってメンバーが選出される組織である企業委員会が創設された。しかし、その後も労働組合が企業に入り込むことはできず、5月革命を経た1968年に、企業内における組合支部の設置がようやく可能となったのである。これにより、企業内における労働組合活動の基礎となる企業内組合支部と、従業員代表組織である企業委員会という、企業内における二元的な労使関係が確立された。当時は、フランスにおいても労働組合の組織率が20％を超えており、企業内に支部を設置することができた労働組合は、企業内で活発な活動を展開するようになった。もっとも、当時における企業内組合支部の活動は、必ずしも団体交渉という形式を採用せず、賃金等の労働条件に関する集団的規範設定の確立というより

は、むしろ意見表明の自由等、企業内における労働者の私的自由あるいは組合活動の確立に大きな関心が向けられていた。この結果、1970年代においては、一部の大企業を除いて、企業レベルの団体交渉はそれほど多く見られず、企業における職種・等級別賃金の決定についても、依然として産業レベルの労使が強い影響力を有していたようである。

　しかし、1980年代以降、企業レベルの団体交渉および協定の締結は（とりわけ1990年〜2000年代に）非常に活発化することとなる。すなわち、企業別協定の件数は、1980年代には約4,000件程度で推移していたのに対し、現在は約35,000件もの企業別協定が存在している。変化を見れば、フランスにおける企業レベルでの団体交渉・集団協定（労働協約）システムについて、1980年代が大きな転換点となっていることは明らかと言えよう。そして、この転換の背景には、1982年のオルー法（オルー法）が定めた実質賃金、労働時間等の年次交渉義務事項を中心とした義務的交渉事項の法定が存在すると解するべきであろう[77]。

　このように、総体的なレベルにおいての企業別交渉の「活性化」に加え、具体的な規範設定のレベルにおいてオルー法以降の改革がもたらした影響が非常に重要である。すなわち、産業別交渉において決定された総額賃金の値上げ幅について、その配分を企業レベルの交渉および協定によって決定することを認めたことによる影響である。

　オルー法以降におけるフランスの賃金決定システムを概観すると、産業別協約および産業レベルの団体交渉を通じた規範設定が存在した上で、企業レベルでの交渉および協定による賃金決定が存在するという、産業レベルと企業レベルの二元的な協約システムに基づく規範設定が形成されていると一応評価することができる。

　しかし、その具体的な賃金決定のプロセスを見ると、産業レベルの規範設定と企業レベルの規範設定の間には、複雑な関係が存在する。すなわち、オルー法以降におけるフランスにおいても、確かに産業別協約によって職業資格等級およびこれに対応する賃金等級が定められ、また各等級についての基準が定められている。そして、この産業レベルで定められた資格等級別の最低賃金は、まさしく「最低基準」としての機能を有するとともに、企

108

業レベルでの交渉が活発に行われていない産業および企業においては、実質的には資格等級別の「標準」的な賃金表としての機能を果たすことにもなると考えられる。他方で、オルー法以降、上記の通り大企業を中心として企業レベルでの交渉および企業別協定の締結が進んだ結果、こうした企業においては、実際には産業別労働協約が定めている条件からかなり乖離をした賃金システムが採用されている企業が少なくない。確かに、フランスの産業別協約においては、職務等級およびそれぞれの等級において要求される職務能力等が定義された上で、等級別の最低賃金が定められ、オルー法以降も、この職務等級の定義および各等級における最低賃金は、企業別協定によって逸脱することはできないとされている。しかし、企業レベルにおける実際にそれぞれの職務について、どの職業資格等級に設定をするのかという点については、実際には産業別協約で定められている基準の「解釈」を通じて、企業レベルでの決定にかなりの裁量の余地が付与されている。加えて、産業別協約で定められているそれぞれの等級および段階の中で、さらに細かい区分を設定することが許容されている。こうして、具体的な賃金決定という点で見た場合には、企業レベルでの決定に大きな裁量が与えられ、(産業別協約が定める等級表を逸脱してはならないという大枠は存在するとはいえ) かなりの程度、独自の賃金体系を構築することも可能となっている。

　このようにして、中小零細企業を中心に、企業内組合支部が存在しない、あるいは存在したとしても企業レベルでも交渉が活発でない企業においては、産業別協約が定める基準がそのまま適用されているケースが少なくない一方、大企業を中心とした企業レベルの交渉が活性化された産業／企業においては、オルー改革以降、次第に企業レベルでの独自の賃金システムが形成されていくこととなったと考えられる。この結果、フランスにおける産業別労働協約は、まさしく当該産業における労働条件の「最低基準」を定めたものとしての色彩が強まる一方、個別企業における労働条件決定という視点からは、実質的に (2004年のフィヨン法による有利原則の撤廃を待つまでもなく)「分権化」が進展していたと言えよう。

(2) 団体交渉促進政策と交渉の「活性化」― 従業員代表による交渉

■ で述べたように、オルー法以降の団体交渉促進政策は、企業レベルでの交渉の活性化という観点からは、（あくまでも大企業を中心としてではあるが）究極的には実質的な「分権化」をもたらすという大きな影響をもたらすこととなった。他方、（労働組合支部を欠く企業を中心とした）従業員代表機関による団体交渉の促進政策の影響についてはどうか。この点、結論から言えば、今のところその影響は大きくはないのが現状である。

フランス労働省の統計[78]によれば、2012年に締結された企業別協約38,799件のうち、従業員を代表する者（企業委員会委員ないし従業員代表委員）による署名を通じて締結された件数は7,489件と、全体の約2割を占めている。このように、従業員を代表する者による企業別協約の締結は、一定の数には達しているものの、やはり企業別協約の締結主体はあくまでも労働組合が中心である。加えて、筆者が労働省統計局で実施したヒアリングで聞かれたところによれば、従業員を代表する者による署名を通じて締結された労働協約は、単純な件数で言えば協約全体の2割を占めているものの、その大半は企業内賃金貯蓄（épargne salariale）、企業年金積立（plan d'epargne pour la retraite collectif）といった福利厚生等に関する協約で占められているという。他方、賃金あるいは労働時間といった、基本的労働条件の決定については、従業員を代表する者による署名を通じた協約の締結はほとんど見られないとのことであった。このことから、労働組合支部が存在しない企業における労使対話促進政策は、企業レベルでの集団的規範設定について、大きな影響力をもたらすには至っていないのが実情と言える[79]。

(3) フィヨン法による有利原則撤廃の影響

フィヨン法および2008年法改正については、フランスの労働協約システムにおける大原則であった「有利原則」を大幅に修正するものとの評価が一般的である[80]。

しかし、フランスの労使関係実務においては、フィヨン法によっては、実際の変化はほとんど生じなかったと考えられている[81]。それでは、なぜフィヨン法および2008年法による影響がほとんど生じないという結果になっ

たのであろうか。その原因としては、いくつかの点を指摘できる[82]。

　その第一は、適用除外協定の締結に労働組合の合意が得られないというものである。実際、フィヨン法の基となった2001年の全国職際協定については、いわゆる五大労組のうちCGTを除く4つの代表的労働組合がこれに署名している。これは、適用除外制度が導入されたとしても、その実際の締結は産業別組合（あるいはナショナルセンター）によって歯止めをかけることを念頭に置いたものであるとの指摘がある。その最も直接的な方法は、適用除外協定を禁止する、いわゆる「閉鎖条項（clause de fermeture）」を産業別協約において設定するという方法である。こうした条項は実際に多くの産業別協約において採用され[83]、適用除外を防止する基本的な対抗手段として機能してきたようである[84]。また、有利原則が修正され、適用除外協定が幅広く認められるようになったとはいえ、公序に属する事項（①産業別最低賃金、②労働時間の上限、③安全衛生に関する事項、④休日規制）については、現在もなお、法律により適用除外が禁止されていることについても留意する必要があろう。

　第二の理由として、使用者団体においても必ずしも企業別協定による産業別労働協約の適用除外に賛成しているとは限らないという点が挙げられる[85]。すなわち、とりわけ大産業においては、当該産業における労働条件の最低基準を産業別協約によってコントロールしたいという考え方が、使用者の側にも根強く存在するという。産業別労働協約の伝統的な機能である、社会的競争（労働条件の引き下げ競争）を通じた過剰な企業間競争をコントロールすることが、使用者にとってもむしろ有益であるとの考え方がなお根強く存在するというのである[86]。

　第三に、この適用除外協定が普及しない理由として、法理論上の問題が指摘されている。それは、労働協約によって労働条件を不利益に変更する場合、これは個別の労働契約を拘束するのかという問題である。すなわち、フランスにおいては、伝統的な契約理論が重視されてきた結果、労働協約はあくまでも法規範として労働契約を規律するものであって、その内容が労働契約になるという理論を採用していない。この結果、仮に労働協約を労働者に不利益な内容に変更したとしても、これによって直ちに労働契約の内容を

修正することはできないとされているのである。この点については、判例の立場は必ずしも明確ではなく、この点の不透明さも、使用者が適用除外協定を用いることを躊躇する要因の1つであるとの指摘がなされている。

　第四の理由として、そもそも適用除外協定の締結の基礎となる、企業レベルでの労使関係が十分に成熟していないという点が挙げられる。すなわち、適用除外協定を締結するためには、その前提として企業内での労使交渉を行う必要があるが、この企業内労使交渉を行うことを個別の使用者が嫌っているというものである。このことは、とりわけ企業内労使関係が脆弱な小企業において顕著のようである。すなわち、小企業の使用者は、適用除外についての交渉を企業単位で実施することによって逆にさまざまな問題が噴出することを恐れ、結局、産業部門レベルの交渉および協約による規範設定を継続することを選択しているというのである。したがって、今後についても、企業別協定による産業別労働協約の適用除外の利用が進むことがあったとしても、それは企業レベルの労使関係が十分に成熟している大企業が中心となり、（中）小規模の企業においては、今後も産業別労働協約による集団的な規範設定（労働条件決定）が継続していくのではないかと考えられているようである。

　第五の理由としては、**1**で述べたように、そもそもフィヨン法の制定以前から、実際には産業別労働協約と企業別協定との役割分担が進んでおり、適用除外協定によって企業の実態にそぐわない規範を修正する必要性が必ずしも高くなかったということが挙げられる[87]。このことと関連し、賃金とともに企業の実情に応じて決定される要請が高いものと考えられる労働時間について、2008年法により労働時間規制の適用除外がそもそも産業部門レベルではなく、企業レベルでの協定によることを原則としたことにより、産業別協約の規定を適用除外する必要性は一層低下したと言える[88]。

（4）労働組合の「代表性」をめぐる改革の影響

　労働組合の代表性についての改革は、必ずしも労使対話の促進を直接の目的として実施された改革ではないが、結果として以下のような効果をもたらしている。すなわち、第一に、職場選挙の結果が労働組合の代表性の獲得の

112

最重要指標とされたことにより、従来は必ずしも積極的ではなかった企業レベルでの活動に、各労働組合が注力するようになったという点である。このことは、労使間の対話においても、ともすれば理念的な立場からの主張に偏りが見られた労働組合の姿勢についても、企業内の労働者に対する訴求力を持たせるため、実際的な主張が見られるようになったという変化が現れている。第二に、支持率の合計が30％に達する労働組合が署名しない限り、労働協約の有効性が認められなくなったことにより、労使間の公式・非公式の対話、また労働組合間の対話が活発化するという効果が見られている。すなわち、従来は代表的労働組合が1つでも署名すれば労働協約が有効となることから、使用者としても1つでも合意に達する可能性の高い組合を見いだすことができればそれで十分であったのに対し、2008年法以降は、支持率の合計が30％に達する、すなわち複数の組合と合意を形成する必要性が高まった[89]結果、労使間の折衝、協議を積極的に行う（行わざるをえない）ようになっている。他方で、労働組合の側にあっても、従来は各組合がそれぞれの活動方針に従った主張をしていれば足りた（最終的に、妥協点を見いだした1つの組合が協約に署名すればよかった）のに対し、労働協約の締結による成果を獲得するためには、複数の組合が互いの主張を調整した上で、使用者との交渉に臨む必要性が増したのである。

第4節　おわりに－2016年法改革とその可能性

　本章では、フランスの労使関係において歴史的に形成されてきた、伝統的な集団的規範設定システムについて、その形成過程と特徴を確認し、次いで、1980年以降の集団的労使関係についての法政策とその影響を検討してきた。こうした中、2016年に、フランスの労働法に関する一大改革法である「労働法律（Loi Travail）」[90]が成立した。同法は成立してからまだ多くの時間が経過していないこともあり、その影響については今後の検討課題としたいが、差し当たり本節においては2016年法の内容を簡単に紹介するとともに、その意義についての筆者なりの簡単な推論を示しておきたい。

2016年法の改正内容は非常に多岐にわたるものであるが、差し当たり本章に関係する領域における改正を簡単に挙げておくと、第一に、伝統的な労働法における法規範の階層順位（法律→部門別協約→企業別協定）を大きく変更した。すなわち、従来、原則として最上位の規範として設定されていた法律による規定について、抵触することができない公序規範、団体交渉に委ねるべき規範、協定がない場合において法律が補充的に適用されるべき規範に整理した上で、公序規範を除いては法律の規範設定序列を協約の下位に置くことにした[91]。それと同時に、協約における規範設定の階層順位についても、部門別協約よりも企業別協定が上位に置かれることが明確化された。第二に、企業レベルの交渉をより促進するために、企業別協定の発効のためのプロセスに、レフェランダム（全従業員による直接投票）の仕組みを多用するとともに、組合代表委員が存在しない企業における従業員代表を通じた交渉および協定の締結について、より具体的な制度を設計することとなった。

　同法律については、法律と労働協約、および産業別協約と企業別協定のそれぞれについて、フランスの集団的規範設定システムにおける伝統的な階層関係を明確に覆すものである点について、また労働組合と従業員代表機関という二元的労使関係システムの中で、従業員代表はあくまでも情報提供と諮問を役割とし、団体交渉および協約の締結は労働組合が行うとしてきた原則を覆して従業員代表機関に団体交渉および協約締結についての明確な役割を与えるとともに、集団的規範設定にレフェランダムを通じて個々の従業員の意思を直接的に反映する手段を明確に設定したことで、代表的労働組合が、すべての労働者を代表して集団的な規範設定を行うという伝統を大きく侵食するものとなりうる点において、フランスにおける労使関係システムを根本的に覆すものであるとの評価もなしうるであろう。

　しかし、その一方で、法律と協約との規範設定における階層の転換は、現時点ではあくまでも労働時間等に関する規範設定にとどまるものであるとともに、この点については既に2008年法により企業別協定による法律の規定の適用除外が認められていることから、今回の改正がどのような影響をもたらすものであるかは実際のところ未知数である。また、産業別協約と企業別

114

協定との間の規範階層の逆転についても、2004年のフィヨン法から一貫して行われてきた政策の延長線上と捉えることも可能であるとともに、そもそもオルー法以降、企業レベルでの交渉の活性化に伴って、大企業においては規範設定の実質を担っているのはもはや企業別協定となっているという実態が存在することも先に指摘したとおりである。従業員代表機関による団体交渉および企業別協定締結の可能性についても、先に述べたとおり1980年代以降一貫して推し進められてきたにもかかわらず、その実効性が上がっていなかったことからすれば、2016年法による改革によってどこまで広がりをもたらすことになるのかは、やはり未知数というほかない。最後に、レフェランダムを通じた、協約の締結過程への個々の従業員の意思決定の反映についても、代表的労働組合の改革を通じて、労働組合の代表制の担保のために従業員代表選挙の結果を反映させるという「民主的」な手続きが取られてきたことからすれば、その当否はともかくとしても、やはり集団的労使関係の「民主化」という近年の政策の延長線上にあると捉えることも可能である。

　このように、2016年法は、その制度上の外観だけを見れば、伝統的なフランスの労使関係システムを大幅に作り変えるものであると評価することもできるが、その一方では、1980年のオルー改革以降行われてきた集団的労使関係システムに関する法政策の延長線上に捉えること、あるいはこれらの政策によって生じた実務上の変化を追認し、それを推し進めるにとどまるものと評価することも可能と言える。そして、同法によって、フランスの集団的規範設定システムにどのような変化が起こるのかは未知数である。その意味で、2016年法は、その制度変更の内容も重要ではあるものの、むしろ、それによっていかなる変化がもたらされるのか、もたらされないのか、今後の動向にこそ一層注目すべきであると言えよう。この点については、今後の研究の課題としたい[92]。

【注】

* 本章における記述の多くは、筆者が労働政策研究・研修機構プロジェクト研究「規範設定にかかる集団的労使関係の在り方研究プロジェクト・現代先進諸国の労働協約システム」において実施した研究およびこれに基づく研究成果を再構成した上で、補正を行ったものである。細川良『現代先進諸国の労働協約システム―ドイツ・フランスの産業別協約　第Ⅱ巻　フランス』（労働政策研究・研修機構、労働政策研究報告書No.157、2013年3月）、同『現代先進諸国の労働協約システム―フランスの企業別協約』（労働政策研究・研修機構、労働政策研究報告書No.178、2015年5月）、同「フランスにおける労使対話促進の法政策の展開と現状」（日本労働研究雑誌661号42頁以下）、西村純＝山本陽大＝細川良『現代先進諸国の労働協約システム―まとめと論点』（労働政策研究・研修機構、労働政策研究報告書No.184、2016年5月）、細川良「フランス労使関係法システムの特徴についての少考―野田論文を受けて」季刊労働法257号（労働開発研究会、2017年）38頁以下をあわせて参考にされたい。また、これらの成果は筆者が2012年〜2016年にかけて、フランスにおいて行った現地ヒアリング調査の結果に基づいている。ご多忙のなか、筆者のヒアリングに応じてくださったAnnette Jobert氏、Dominique Paucard氏、Héloise Petit 氏、Richard Duhautois 氏、Olivier Pelras 氏、Lucile Urling 氏、Boris Plazzi氏、およびUIMM、FTM-CGT、フランス労働省の各担当者の方々をはじめ、各企業、労働組合の担当者の方々には、この場を借りて心より御礼申し上げる。あわせて、調査に際し、多大なご協力をいただいた鈴木宏昌氏（早稲田大学名誉教授）、島田陽一氏（早稲田大学教授）、小山敬晴氏（大分大学講師）、広岡裕児氏にも、心より御礼申し上げたい。

1　本節における法制度および法理論面にかかる検討部分についての記述は、主に以下の文献に拠っている。Gilles Auzero et Emmanuel Dockès, Droit du travail, 29e éd., Dalloz.; Jean-Emmanuel Ray, DROIT DU TRAVAIL DROIT VIVANT, 24e ed, Wolters Kluwer, 2015；細川良『現代先進諸国の労働協約システム‐ドイツ・フランスの産業別協約（第2巻フランス編）』（労働政策研究報告書No.157-2、2013年）、同『現代先進諸国の労働協約システム‐フランスの企業別協約』（労働政策研究報告書No.178、2015年）、同「フランスにおける労使対話促進の法政策の展開と現状」日本労働研究雑誌661号（労働政策研究・研修機構、2015年）42頁。

2　公共部門において約14%、民間部門においては5%弱と言われている。

3　Gilles Auzero et Emmanuel Dockès, op. cit., p.125.

4　本項における記述は、主として外尾健一『フランス労働協約法の研究』（外尾健一著作集第6巻）（信山社、2003年）、石崎政一郎『フランスの労働協約法』（勁草書房、1955年）、恒藤武二『フランス労働法史』（日本評論新社、1955年）、野田進「フランス労使関係法の展開過程―二元的代表システムの確立とその後の変容」季刊労働法257号（労働開発研究会、2017年）19頁以下、およびClaude Didry, Naissance de la convention collective, Paris, éd. EHESS, 2002.; Gilles Auzero et Emmanuel Dockès, op. cit., p.8 〜 p.29, p.1255 〜 1267 を参照した。

5　前掲注4外尾8頁。

6　大革命以前の同業組合の状況から大革命を経てル・シャプリエ法制定に至るまで
の同業組合をめぐる動向については、中村紘一「ル・シャプリエ法研究試論」早稲
田大学法学会誌20号（1968年）、田端博邦「フランスにおける『労働の自由』と団結」
高柳信一・藤田勇編『資本主義法の形成と展開』第2巻（東京大学出版会、1972年）
135頁以下等を参照。

7　前掲注4外尾11頁。

8　1884年法については、島田陽一「フランス団結権史に関する一考察―1884年法・
労働組合承認立法の生成過程の分析」早稲田大学法研論集25号（1982年）、同「フ
ランス1884年法における労働組合承認の論理」季刊労働法127号（1983年）を参照。

9　1884年法時期以前の労働組合運動の形成過程については、F. Soubiran-Paillet,
L' invention du syndicat (1791-1884), LGDJ, 1999 を参照。

10　公務員については、工場労働者の労働組合に合流する者がある一方、独自の自律
した労働組合を結成した者もあったようである。

11　この時期におけるサンディカリスムの潮流については、G. Lyon-Caen, Droit
syndical et mouvement syndical, Dr. soc. 1984. 5. を参照。

12　さらには、学生がサンディカリスムを標榜した団体を結成することもあった。
もっとも、これは「職業活動に従事するもの」という要件に合致しないため、法的
には労働組合とは認められていない。

13　破毀院は、司法裁判系統の民事および刑事裁判所について、その頂点に位置する
最高裁判所。5つの民事部および1つの刑事部から構成され、混合部として、また大
法廷として裁判をする場合もある。法規範の解釈の統一の促進を任務とし、破毀申
立てを提起された法律問題についてしか審理を行うことができないのが原則である
ため、事実審裁判官の専権的判断問題とされる事実問題についての審理を行うこと
は原則として認められない（参考：中村紘一ほか監訳『フランス法律用語辞典（第
3版）』）。なお、行政裁判における最高裁判所はコンセイユ・デタ（Conseil d' Etat)
であり、また憲法問題については憲法院（Cour constitutionnelle）の管轄である）。

14　なお、1900年9月17日のオルドナンス（Ordonnance：行政権によって発せられ
る命令の一種（参考：山口俊夫編『フランス法辞典』（東京大学出版会、2002年)))
により、労働組合はワルデック・ルソー法3条に基づいて労働協約を締結する権利
を有する旨が明示されている。

15　こうした判例の態度に対して学説は批判的であり、様々な理論構成を通じて労働
協約の遵守を強制するための試みを図っている。この時期の学説の詳細については、
前掲注4外尾68頁以下を参照。

16　1919年法の内容の詳細については、前掲注4外尾167頁以下、同石崎91頁以下を
参照。

17　1919年法の成立を取り巻く経緯については、前掲注4外尾160頁以下を参照。

18 1919年法制定前後の労働協約の締結数は、1918年：257件、1919年：557件、1920年：345件となっているが、その後は減少の一途を辿り、1935年には労働協約の締結数はわずかに29件、協約の適用率も商工業の労働者全体で7.5%にすぎなかった（Dolléans et Dehove, Histoire du travail en France, t.3, 1955, p.28.）。

19 前掲注4石崎39頁。

20 このほか、1919年法により労働協約の締結が広がらなかった要因として、当時の二大労組であったCGTとCFTC（フランス・キリスト教労働者同盟）のイデオロギーの違いから生じる、労働協約に対する考え方の違いが挙げられる。すなわち、CFTCは労働協約を通じた使用者と労働者の協力の実現を指向したのに対し、CGTはあくまでも使用者に対する対抗・闘争を主眼としており、労働協約の締結を通じた使用者（団体）との協力に対して否定的な態度を貫いたのである。

21 1936年法直前の1935年における労働協約の締結数はわずか29であったものが、1936年法成立から1938年末の間に約6,000もの労働協約が締結され、うち600が拡張適用されるに至っている。

22 なお、マティニョン協定および1936年法の内容に影響を与えたという点で、1934年11月30日の全国経済会議（Conseil National Economique）も重要である。同会議では、社会経済の再編成のために、労働協約について、①現在の労使関係の組織を協約制度によって改善することができないか、②労働組合と使用者団体との間で自由に締結された労働協約に基づき、協約の一般化を図るべきであるか、③行政命令によって労働協約の規定する効力を拡張していくべきか、という方策が提案・検討されており、その内容はマティニョン協定および1936年法にも影響を与えている。

23 当時の労働者800万人のうちCGTの組合員だけでも1937年時点で534万人に達したとされる（前掲注4外尾245頁）。

24 前掲注4石崎40頁以下、前掲注4外尾236頁以下参照。

25 1936年法の詳細については、前掲注4石崎147頁以下、前掲注4外尾239頁以下を参照。

26 全国協約の場合

27 地方レベルの協約の場合

28 なお、労働大臣は労使の意見が一致しない場合に、斡旋することができるが、締結されるべき協約の内容を「裁定」することはできない。労働大臣は労使間の交渉を促すにとどまるのであって、協約の内容についてはあくまでも当事者の自由な合意によって成立すべきものという契約法的な位置づけは保たれている。ただし、拡張適用制度の対象となる労働協約については必要記載事項が法律で定められており、その限りで内容の自由に制約が課されている（法定事項について「定めない」自由は制限されていることになる）点については留意する必要がある。

29 アレテとは、1もしくは複数の大臣、または他の行政庁（県知事、市町村長等）が発する命令、処分、規則の総称。一般的規律を設定する場合と、個人に向けられる場合（上級公務員の任命等）とがある。大臣が発するアレテは、日本における省

第2章　フランス―労働協約システムの歴史的形成と現代的展開―

令に近似する概念である（参考：前掲中村ほか監訳36頁、前掲山口36頁、滝沢正『フランス法（第4版）』（三省堂、2010年）273頁）。

30　1936年法においては商工業部門に限定されており、すべての職業部門への拡張適用制度の拡大は、後述する1950年法で実現されている。

31　なお、1936年法は、1919年法を廃止してこれに置き換わるという形ではなく、1919年法を補充し、一定の追加・修正を加えるという形式を採用している。すなわち、労働協約の一般原則については1919年法を踏襲している。この結果、1936年法で追加された拡張適用制度の対象とならない協約については1919年法がそのまま適用されることとなり、実質的には「拡張適用制度の対象となる労働協約」と、「拡張適用制度の対象とならない労働協約」という2つの類型の労働協約が規定されることとなった。

32　この点を捉えれば、1919年法は労働協約を純粋に市民法上の契約として捉えていた（署名組織からの離脱により協約の適用を免れることができる点がその典型的な現れである）が、1936年法は、公権力を媒介とすることによって私法上の契約である労働協約に公法的な性格を与え、「職業の法」としての法規的な効力を持たせたものと評価することが可能である（前掲注4外尾240頁）。

33　また、1940年11月9日のヴィシー政府のデクレによりCGT、CFTCおよびCGPFは解散させられる。さらに、1941年10月4日の労働憲章（Charte du travail）によって、労働関係は全体主義的構想に基づく規制下に置かれることとなった

34　第二次世界大戦直後に実行された、国家が経済社会活動を直接的または間接的に関与すること（計画化、国有化、補助金）によって、経済を方向付け、監督する管理体制（前掲中村監訳参照）。

35　1946年法の特徴としては、①労働協約の締結・発効に公権力（労働大臣）の承認が必要とされていたこと、②労働協約で定める事項が必要的記載事項および任意的記載事項の形で法定化され、協約内容についての自治が認められなかったこと、③適用範囲について、全国レベルの産業部門別労働協約を原則とし、各産業部門における代表的な組合による労働協約が締結された上で、その枠内に限って地方レベル、地域レベル、事業場レベルの協約が締結できるとされていたことが挙げられる。なお、全国レベルでの協約の締結を基本とし、労働大臣の承認手続が要件とされたことに伴い、労働大臣に承認された労働協約は自動的に当該産業の全労働者および使用者に適用されることとなった。

36　行政による統制が強力かつ硬直的にすぎたため、労使当事者双方が労働協約の締結に消極的になったとされる。1946年法の問題点を指摘するものとして、R. Jaussaud, Les difficultés d'application de la loi du 23 déc. 1946, Dr. soc., 1949, p.93. 参照。

37　なお、1950年法においては、上記の労働協約システムの確立のほか、最低賃金制度（Salaire minimum interprofessionnel garanti：SMIG）の創設、集団的労使紛争手続の調整（斡旋、仲裁）手続の整備、（労働者に重大な非行がある場合を除く）スト

119

ライキを理由とする解雇の無効が定められている。

38　ただし、1936年法と比較した場合の1950年法の重大な特徴として、労働協約の規範的性格の強化が挙げられる。これまでも述べているように、伝統的な契約自由の理論を維持しつつ成立した1919年法およびそれを受け継いだ1936年法における労働協約は、締結の自由および契約の相対効が強調され、署名組織からの脱退による協約の拘束からの離脱が可能であることが明示されていた。これに対し1950年法は、脱退による逸脱に関する規定を削除した。結果、所属する組織が協約を締結し、または既に締結されている協約に加入した場合、そののちに当該組織を脱退したとしても、協約の有効期間中はこれに拘束されると解されるようになったのである。

39　実際、第4共和制期においては、1950年法以降、労働関係立法はそれほど多くなく、代表的なものとしては1956年法による法定休日の拡大、1958年法による解雇の最低予告期間の創設くらいのものである。他方、失業のリスクに対する補償を行う機関である商工業雇用協会（Association pour l'emploi dans l'industrie et le commerce：ASSEDIC）およびその全国組織である全国商工業雇用協会連合（Union nationale pour l'emploi dans l'industrie et le commerce：UNEDIC）が労使によって創設されている。

40　この代表性をめぐる問題は、フランスの労働組合の本質にかかわる問題として古くから多くの議論が蓄積されてきた。また、後述の通り、2004年法および2008年法による「代表性」の改革の結果、五大労組による代表的労働組合システムは動揺が生じている。この問題をめぐる詳細については、小山敬晴「フランスにおける代表的労働組合概念の変容（1），（2）」早稲田大学法研論集140号（2011年）143頁以下、141号（2012年）153頁以下、同「フランスにおける労働組合の代表性の機能とその正当性」日本労働法学会誌124号（法律文化社、2014年）181頁以下に詳しい。

41　この分裂の背景には当時の国際情勢がある。すなわち、CGTの多数派はいわゆるマーシャル・プランに敵対的であり、共産党の影響の下に主導された同年冬のマーシャル・プランに反対するゼネストに際し、これに反発する少数派がCGTを離脱し、CGT-FOを創設したのである。なお、教育労働組合連盟（Fédération de l'Éducation nationale、以下FEN）はCGTとCGT-FOの間の選択を拒否して、自主独立を選択した。

42　CGT-FOは、改良主義的方向性を有しており、同時にアミアン憲章の理念である「自由な」サンディカリスムの体現、すなわち、共産党の影響からの解放を望んだとされる（FOがCGTを冠しているのは、FOこそが政治からの自立というCGTの理念を体現していることを示す趣旨だとされている）。CGTが当時の東側諸国の影響力の強い世界労働組合連盟（Fédération syndicale mondiale）に参加したのに対し、CGT-FOは米国、英国、（当時の西）ドイツ等の西側諸国の労働組合が結成した国際自由労連（Confédération internationale des syndicats libres）に参加した。

43　CGCはその後1981年にCFE-CGCとなり、現在に至っている。

44　なお、CGTにおけるヒアリング調査においては、CGTが当時、管理職層に対す

るオルグを強めようとしていたため、CGTの影響力の拡大を恐れて独自の管理職組合の結成が働きかけられたとの見解が聞かれた。

45　具体的には、報酬、職階制度における階層制の保持、ならびに1948年の職際協定により創設された補足退職年金制度（1948年の職際協定により創設）の保護とされる（L. Boltanski, Les cadres. La formation d'un groupe social, Éd. Minuit, 1982.）。

46　この決定に異議がある場合、行政裁判所に訴えを提起することができる。

47　戦前においてCGTに次ぐ第2の地位を占め、結成当初から独自路線を貫いていたCFTCは、1960年代に入って分裂することとなった。当時の多数派は、あらゆる宗教的指向および闘争における急進化の除去を推進し、反資本主義的および第三世界主義的方向性を標榜して、1964年11月の組合大会において、圧倒的多数の票を得てフランス民主主義労働総同盟（Confédération française démocratique du travail：CFDT）へと変更する規約修正がなされたのである。これに対し、カトリック教会の社会的教義に則った活動方針の不変を望んだ少数派は、CFDTから脱退し、CFTCを維持することを選択した。

48　ヒアリング調査で聞かれたところによれば、必ずしも大きな勢力を有するとはいえなかったCGT-FOや、さらには圧倒的に少数であったCFTCに代表性が認められた背景には、当時圧倒的な勢力を誇るCGTが基本的に使用者との妥協を認めない姿勢を貫いており、労働協約の「締結」に否定的であったという事情があるとのことであった。すなわち、CGT-FOやCFTCに代表性を認めることを通じて、労働協約の適用の可能性を広げることが大きな目的の1つであったようである。

49　端的に言えば、五大労組の1つでも当該労働協約に署名した場合、他の代表的労働組合（および他の代表制を有さない労働組合）が反対であったとしても、拡張適用手続を通じて、それが当該労働協約の適用範囲たる産業、職種等に適用されることになる。

50　このことは、労働組合ではない、従業員代表機関に対して、団体交渉を行い、労働協約を締結する権限を付与する立法が許容されるかという点で問題となる。

51　もっとも、この時代において企業レベルの労使対話が一切存在しなかったかと言えば、必ずしもそうではなく、ルノー公団に代表される国有部門において実施されていた団体交渉あるいは労働協約の締結が、フランスにおける労使交渉の先鞭をつける役割を果たしていたようである。この時期におけるフランスの団体交渉の動態については、松村文人「戦後フランス団体交渉の成立―1950年代における金属産業賃金交渉」日本労働協会雑誌29巻4号（日本労働協会、1987年）34頁以下等に詳しい。

52　Soc. 28 nov. 2000, UAP, Bull. civ. V, n° 398.

53　300人以上の労働者が就業するか、またはEUレベルで活動する企業であってフランス国内において150人以上の労働者が就労する事業所を有する、企業または企業グループ。

54　労働法典L.2242-15条。

55　具体的には、協議を実施する場所、スケジュール、および使用者が労働組合の代

表に対して交付する情報の内容および交付の日付等（労働法典L.2242-2条）。

56　当該企業における雇用、資格等級、賃金、実労働時間、および労働時間の体系等に関する情報。

57　労働法典L.2242-3条。

58　労働法典L.2141-7条およびL.2146-2条。団体交渉にあたっては、当該企業内に存在するすべての代表的労働組合に交渉の実施を通知しなければならない（労働組合の側が交渉への不参加を選択することは妨げられない）。したがって、フランスにおける企業レベルの団体交渉は、原則として当該企業に存在する全ての代表的労働組合が一同に会して実施されることになる。もっとも、筆者が現地の人事担当者に対して実施したヒアリング調査によれば、実務においては、すべての組合が集まる公式の協議の前に、使用者側の担当者と各組合との間で非公式な折衝が行われ、事前の調整が行われることも珍しくないようである。

59　交渉の結果、合意に至らなかった場合、不合意の調書（proces-verbal de désaccord）を作成することとされ、交渉の最終段階における労使当事者それぞれによる提案、および使用者が実施する措置を記載しなければならない。

60　Gilles Auzero et Emmanuel Dockès, op.cit., pp.1421.

61　労働法典L.2232-21条。ただし、この方法による場合は、産業レベルの労使同数委員会の承認によって初めてその有効性が認められる。

62　労働法典L.2232-34条。ただし、この方法による場合は、当該企業における労働者の投票に付され、有効投票の過半数の賛成によって初めてその有効性が認められる。

63　L.2143－23条。この方法による場合も、当該企業における労働者の投票に付され、有効投票の過半数の賛成によって初めてその有効性が認められる。

64　もっとも、実務への影響という点では疑問もある。この点については後述。

65　「すべての交渉レベルにおける契約実務を連続的に発展させること（de développer la pratique contractuelle, de façon articulée, à tous les niveaux）」を目的とする全国職際協定。

66　この協定は、使用者側はCNPF（現：Medef）、CGPMEおよびUPAによって、労働者側は、CFDT、CFTCおよびCGCによって署名されている。同協定については、G. Coin, Dr. soc. 1996. 3 et s. ; Cohen, Dr. soc. 96, p. 18 ; M.-L. Morin, Dr. soc. 1996. 11 et s. ; G. Bélier, Sem. soc. Lamy, n° 768, p.3. 参照。

67　この点について、フランスの憲法裁判所に当たる憲法院は、以下のように述べて1996年法の憲法適合性（合憲性）を承認している。すなわち、労働組合は「団体交渉に関する労働者の代表性の独占」を享受するものではないとし、その上で、1996年法によって認められた企業別協定の締結手法は「代表的組合組織の関与を妨害する目的も効果も有しない以上、選挙によって指名された者あるいはその代表性を有する組合から委任された者もまた、労働条件の集団的な決定を行うことができる」としたのである（CCD.96-383 du 6 nov. 1996, Dr. soc. 1997. 31, ss. obs. M.-L. Morin ; Grands arrêts, 4e éd., 2008, n° 157. V. G. Lyon-Caen : La constitution française

第２章　フランス―労働協約システムの歴史的形成と現代的展開―

et la négociation collective Dr. Ouvrier 1996. 479 ; J. Pélissier, Droit des conventions collectives : évolution ou transformation, Mélanges Verdier, Dalloz, 2001, p.95 s.)。

68　Liaisons soc. 2001, C1, n° 174, Dr. soc. 2003. 92.

69　この文書はCGTを除くすべての代表的な使用者団体および労働者団体によって署名されている。詳細はG. Bélier : Des voies nouvelles pour la negociation collective, Sem. soc. Lamy, n° 1038 du 23/7/01. 参照。

70　この改正については、P. Rodière, L'émergence d'un nouveau cadre de négociation collectives, Sem. soc. Lamy, 2003, n° 1125, および以下の業績を参照。M.-A. Souriac, J.-E. Ray, P.-H. Antonmattéi et G. Borenfreund, réunis dans le numéro special de Droit Social, Le nouveau droit de la négociation collective, juin 2004, p. 579 s. G. Borenfreund et al., La negociation collective à l'heure des révisions, Paris, Dalloz, 2005. Hadas-Lebel (Sem. soc. Lamy n° 1267 du 26 juin 2006).

71　労働法典 L.2231-1条

72　フランスにおいては、いわゆるユニオン・ショップは違法とされている。

73　協約の締結に否定的なCGTの強力な存在を前提に、CGT以外の組合による協約の締結の促進を促すという実際上の政治的な背景については前述のとおりである。

74　具体的には、CGTのような戦闘的な組合が使用者側に対してより徹底した要求を行い、CGT-FOやCFDTが交渉の過程で妥協点を見いだして、協約を締結するという手法である。前述のとおり、分裂によって極めて少数派となったCFTCにも代表性を認めたのは、こうした少数派組合に代表性を認める＝協約締結権を認めることで、交渉の妥結、労働協約の締結を促す意図があったとされる。

75　A. Supiot, Les syndicats et la négociation collective, Dr. soc., 1983, p.63.

76　企業委員会の労働者委員（企業委員会がない場合には従業員代表委員）を選出するために実施される選挙。第1回投票においては候補者名簿が各労働組合により作成されることとされており、労働組合から指名された候補者の得票数によって、各労働組合の支持率が算定される。

77　筆者が実施した現地でのヒアリング調査においても、産業によってはオルー法以前から企業レベルでの賃金決定が普及していたものも存在するが、オルー法による交渉の義務化により企業レベルでの賃金に関する交渉が活発化したのは間違いないとの声が多く聞かれている。

78　Ministere du travail, La négociation collective en 2012 (2013) に収録されているデータによる。

79　この点について、2016年法が従業員代表による労働協約の締結の可能性を大幅に拡大する改革を行ったことが、今後どのような影響をもたらすことになるか、その動向が注目される。

80　Jean Pélissier, Gilles Auzero et Emmanuel Dockès, op. cit., p.1267.

81　筆者がフランスにおいて実施したヒアリング調査においては、使用者団体、労働組合、研究者のいずれもが一致して、産業別労働協約に対する企業別協定による

123

適用除外は実際にはほとんど用いられていないとする趣旨の回答を示している。

82　以下の記述は、主に筆者がフランスにおいて実施したヒアリング調査において得られた知見によっている。

83　CGT-FO におけるヒアリング調査による。また、CGTでのヒアリングでは、産業部門レベルの75%が閉鎖条項を設定しているとの回答があった。

84　このほか、適用除外協定を一律に禁止することはせずに、その締結に特別な条件を設定するという手法も用いられているようである。例えば、CFDTは、適用除外協定の締結について「労働者の50%以上が賛成していること」等を条件に設定し、傘下の組合に通達しているようである。

85　実際、金属産業の使用者団体であるフランス金属産業連盟（UIMM）は、適用除外制度を採用しない方針を採用していることがヒアリング調査において聞かれている。

86　むろん同時に、産業別労働協約の機能低下による産業レベルの使用者団体の地位の低下に対する懸念も存在するものと考えられる。

87　その現れとして、賃金決定における産業別労働協約と企業レベルの賃金システムとの（とりわけ大企業における）乖離が挙げられる。

88　ただし、このことは産業部門レベルの交渉および協約のプレゼンスを低下させる効果を有するものであることには留意する必要がある。もっとも、J. Freyssinet 教授によれば、この企業別協定による労働時間規制の適用除外も、中小規模な企業においてはほとんど採用されていないとのことであり、その要因はやはり企業別協定の締結のために企業内労使交渉を行うことが、中小規模企業の使用者に忌避されていることとされる。

89　フランスにおいては、複数組合主義の伝統が根強く、1企業に多くの労働組合が存在していることが珍しくないため、1つの組合が単独で30%の指示を獲得していることは必ずしも多くない。

90　労働、労使対話の現代化、および職業キャリアの安定化に関する2016年8月8日の法律（La loi n°2016-1088 du 8 août 2016 relative au travail, à la modernisation du dialogue social et à la sécurisation des parcours professionnels）。同改正を主導したMyriam El Khomri労働大臣の名を取ってエル・コムリ法（loi El Khomri）と呼ばれることもある。

91　ただし、当面の間、労働協約を法律よりも上位の規範に設定する規範領域は、労働時間、休息および休暇に関する規定（の一部）にとどまる。

92　2017年に成立したマクロン政権は、同年8月に、労働法改革についてのオルドナンスを公表した。その内容は、2016年のLoi Travailと基本的なコンセプトは同一としつつも、これをより強力に推し進めるものとして、大きな影響をもたらすと受け止められているようである。この2017年の改革については、Loi Travailの検討とあわせ、次の機会の研究課題としたい。

124

第3章	スウェーデン 企業内の労使交渉を重視した労使関係 －スウェーデンの賃金交渉を素材に－

西村　純

第1節　はじめに

　欧米では職務をベースに産業レベルで賃金が決まっていると耳にすることがある。このこと自体は前章のドイツやフランスの例を見ても間違いではないと思われる。とはいえ、産業別協約で職種別の賃率を事実上決めている場合と、産業別協約では主に企業が当該年度に実施すべき賃上げ率を決めている場合とでは、同じ産業レベルで賃金が決まっていると言ってもその意味合いは異なる。スウェーデンは、中央集権的な労使関係を構築してきたと言われている。こうした特徴が指摘されるのは、賃金交渉が、かつては中央（国）、産業、企業（事業所）の3層で実施されていたことによっている。もっとも、結論を先に指摘しておくと、スウェーデンは、少なくとも機械・金属産業を中心に見る限り、賃金交渉形態から想像されるような姿、すなわち、より上位のレベルにおける労使交渉によって賃金の大部分が決まっている、というわけではない。

　本章ではこの点に関して、産業別協約の規定と個別企業における賃金交渉の様相を確認し、賃金決定の実際を明らかにする。それに加えて、組合の交渉力を維持する上で重要な要素のひとつであると考えられる労働者の雇用維持にかかわる取り組みについても簡単に触れる。理由は、労働者が協約の規定を逸脱することを防ぐ上で、雇用の安定は重要な要素のひとつだからである。労働者が失業の危機に瀕した際、労働者は自らの雇用を維持するために、組合の定めたルールから逸脱し、自身の労働力の安売り（つまり、賃下げに応じる）に向かうことになる。したがって、雇用の安定の確保は、労働組合等の労働者の集団的代表組織が職場において労働者の代表組織としての

125

機能を実質的に発揮する上でも重要な要素となろう。そのため、本章では雇用維持にかかわる労使の取り組みについても取り扱う。

　本章の構成は次の通りである。まず、**第2節**と**第3節**において、スウェーデンの労使関係にかかわる基礎的なことを概観する。その上で、**第4節**でブルーカラーの賃金交渉について、そして**第5節**でホワイトカラーの賃金交渉について確認する。**第6節**では労使による再就職支援への取り組みを紹介する。最後に、そこから浮かび上がる労使関係の特徴を指摘したい。

　本論に入る前に本章で取り上げた事例について簡単に触れておく。まず、ブルーカラーについては、伝統的に労使関係のパターン・セッターとして位置付けられてきた機械・金属産業組合（IF-Metall）を対象にしている。このスウェーデンの労使関係における中心部分を確認した上で、それとは異なる例としてホワイトカラーを取り上げる。ホワイトカラーの対象は、IF-Metallと重なる業種のホワイトカラーとそれとは異なる業種のホワイトカラーの2つを対象としている。これらの2つを取り扱うことで、製造部門のブルーカラーという労使関係における伝統的な賃金決定とのズレを確認し、そのズレを認識した上でも残る共通性を通じて、スウェーデンにおける賃金決定の実際に迫っていきたい。

第2節　労使関係の概観

1 労使自治の原則

　スウェーデンの特徴としてまず確認しておかなければならないことは、労使自治の原則である。この原則は、スウェーデンの労使関係の特徴を述べたLash（1985）、Olsson（1991）、Kjellberg（1992）で共通して指摘されているものであり、この国の労使関係を考えていく上で、まず、おさえておかなければならない特徴だと言えよう。

　スウェーデンでは、労働市場に関する事柄は、法律によらずに、労使自身が、交渉や協議によって解決することを基本としている。労使双方とも国の介入は基本的には望んでいない。また、国も同様に、介入には消極的な

第3章　スウェーデン—企業内の労使交渉を重視した労使関係—

ようである。リーマンショック時のボルボカーズ社への対応などは、最たる例だと言えよう[1]。このように、労使当事者、および、国家双方において、基本的には不介入という共通理解があるようである。

　スウェーデン労働法の特徴を簡潔に記した両角（2009）によると、スウェーデンにおける労働法の特徴は、「労働市場の規制を基本的に労使に委ね[2]、国家の介入が最小限に抑えられていることである。スウェーデンでは、ほぼすべての労働条件が協約によって規律され、多くの労働紛争が労使の自主的な紛争処理制度によって解決されるだけでなく、労働立法の制定過程にも労使が積極的に参加し、法律の解釈・運用を最終的に担う労働裁判所にも労使の代表が裁判官として加わっている。さらに労働組合は組合員のために訴えを提起する権利を有し、組合員のために協約や法律が正しく適用されているかを監督する責任を負っている」（両角 2009; 46-47）。こうした労使自治の原則を最も良く表していることとして、この国には、法定最低賃金がないことが挙げられる。最低賃金は、各産業レベルで締結される団体協約によって定められており、これが諸外国における法定最低賃金の役割を果たしている。

　とはいえ、労使自治で特徴付けられるスウェーデンにおいても、1970年代に入り共同決定法（雇用法）や雇用保護法など、労働者の権利を保護する法律が、いくつか制定されている（Kjellberg1992）[3]。ただし、法律のいくつかの規定については、労働協約によって法が定めた規定を逸脱してよいとの条項（例えば、共同決定法第4条）が含まれており、よって、法規制が強まったと言われる1970年代以降も労使自治を尊重する精神がなくなったわけではないと言えよう[4]。こうした協約によって法律を逸脱できる特徴から、スウェーデンの労働立法は、「準強行法規（quasi-mandatory legislation）」と特徴付けられている（両角 2009）。このように、労働協約は、法律上の規定を逸脱できることになっており、この点からも、労使自治を尊重するという基本スタンスは、70年代以降も崩れていないことが窺われる。

127

【コラム1】協約を締結するということが意味すること

　労使自治という考えが根付いている国だと実感させられる興味深いエピソードを紹介しておきたい。IF-Metall（機械・金属産業組合）の交渉部によると、協約を締結しない企業は、「悪い企業」と世間から見なされるという。労働協約を締結せず、かつ、経営者団体にも属さない企業に対しては、産業別組合が、協約の締結を直接要請することがある。こうして締結された協約は、「Häng Avtal（ローカルの協約）」と呼ばれるのであるが、産業別組合は、協約締結の交渉を要請したにもかかわらず、その申し出を拒否した企業については、世間に対しそのことを周知する。そうすると、世間から厳しい目が向けられ、企業は交渉に応じる。この国において、労使関係の文化、すなわち、企業は労使交渉に応じ、労働協約を締結するべきであるという雰囲気が広がっていることを物語るエピソードであろう。なお、この「Häng Avtal（ローカルの協約）」であるが、その内容は当該企業が該当すると考えられる産業別協約の内容が適用されることになる。そのため、事実上、産業別協約と同じ内容となる。

---

2 平和義務と交渉に応じる義務

　さて、労働条件にかかわる事柄については、交渉を通じて労使自らで決めるとしているスウェーデンでは、労使に対して2つの義務、すなわち、①「平和義務（Fredsplikt ／ Peace obligation）」と②「交渉に応じる義務」が、課せられている。「平和義務」や「交渉に応じる義務」は、産業別協約の最初に掲げられている規定である。その意味していることを端的に言えば、団体協約有効期間中は、争議行為ではなく、交渉による問題解決の道を追求していく、ということである。別の言い方をすれば、協調的で平和的な労使関係を大切にすることを定めたものだと言えよう[5]。

　なお、こうした争議行為の制限、および、交渉の重視にかかわる規定は、歴史的に見ると、1938年に労使のナショナルセンターであるLO（ブルーカラーのナショナルセンター）とSAF（スウェーデン経営者連盟）[6]の間で

第3章　スウェーデン―企業内の労使交渉を重視した労使関係―

結ばれた「基本協約」において、既に設けられていたものである。この「基本協約」は、締結された場所の名より、サルチオバーデン協約とも言われており、その中で、今日につながるスウェーデン労使関係の特徴の基礎が、ナショナルレベルの労使の間で合意されている[7]。

3 労使関係の構造

ここまで、労使関係を支えている原則について簡単に確認した。次に、労使関係の構造について、簡単に確認しておこう。

(1) 単一構造

まず、スウェーデンの特徴として、組合が労働者を代表する唯一の組織となっている。産業別組合と事業所委員会からなるドイツとは異なる構造となっている。また、組合の組織構造であるが、ブルーカラーとホワイトカラーがそれぞれ別々にナショナルレベルから企業レベルまでを一気通貫で組織している。労使の構造について、ブルーカラーの組合を例に簡単に確認しよう。大きく3つの層からなっている (European Industrial Relations Review (EIRR) 1984)。労働組合側で言うと、中央（ナショナル）レベルにLOが、その下に各産業別組合があり、さらにその下の企業内には「クラブ」と呼ばれる組合組織がある。経営側にもそれぞれ対応する組織がある。全国レベルの経営者団体として、SN（スウェーデン企業連盟）があり、その下に産業レベルの経営者団体がある。さらにその下に加盟企業がある。

LOはブルーカラーの組合のナショナルセンターで、機械・金属産業組合（以下IF-Metall）、製紙産業組合、流通産業組合、地方公務員組合など14の民間部門と公共部門の産業別組合を組織している。メンバーの数は、約150万人である[8]。かつてはLOとSAFの間でも団体交渉が行われていたが、現在は行われていない。そして、その下に産業別組合がある。産業別組合は通常、中央本部と地域支部の2つからなっている。例えばIF-Metallの場合、中央本部は、ストックホルムにある。この中央本部は、産業別交渉を担当している。なお、スウェーデンにおける産業別協約とはこの中央本部と経営者団体の間で締結されるものを指している。現地では、セントラルアグ

129

リーメントと呼ばれている。機械・金属産業においては、地域の産業レベルで協約を締結するというようなことは、行われていない。

中央本部のほかに、地域支部（Local Branch）と呼ばれる組織がある。IF-Metallの場合、スウェーデンを51の地域に分け、各地域に1つの支部が置かれている。各支部にはそれぞれに、番号がふられている[9]。この地域支部は、産業別交渉には基本的には参加していない。また、ドイツに見られたような地域産業別協約を締結しているわけでもない。その代わり、地域支部は、企業内に置かれている組合組織である「クラブ」が無い事業所において、当該事業所の使用者側と労使交渉を行う主体となっている。このように、地域支部は、個別企業内において自主的に組合組織を設けることができていない企業や事業所における労使関係を構築する上で、重要な役割を果たしている[10]。

既に指摘した通り、個別企業のレベルにおいても、組合が組織されている場合がある。スウェーデンでは「クラブ」と呼ばれている。「クラブ」は、一般的に個々の工場や事業所を組織している。ただ、企業規模が大きくなると、同一企業の工場を地域単位でまとめた上で、団体交渉が実施されている場合もある。企業によっては、地域を跨いだ全社レベルで賃金交渉が実施されているケースもある。このように、賃金交渉だけをとってみても、企業内における団体交渉のステージに決まりはなく、各々の企業の事情に沿って実施されている。これも自治のひとつの現れと言えるかもしれない。一方、上でも触れたことであるが、事業所において「クラブ」が組織されていない場合、当該事業所で働いている組合員については、産業別組合の地域支部が賃金交渉を行う主体となる。こうしたケースは、十数人から数十人規模の企業で見られることが多いという。

今ここで、IF-Metallの組合の構造を確認しておくと**図表3-1**のようになっている。このように、「クラブ」のある事業所は、どちらかと言えば少数派と言える。その大部分は、「クラブ」が無い事業所になっている。より多くの事業所に組合組織である「クラブ」を置くことは、中央本部と地域支部の運動目標のひとつに掲げられている。なお、「クラブ」の無い事業所でも当該事業所の組合員を代表する代表者が置かれている場合もある。そのよう

130

図表3-1　IF-Metallの組織構造

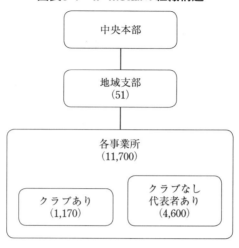

注）数は2016年のもの。
出所）IF-Metall提供資料、聞き取りより作成。

な事業所は、4,600ある。したがって、約半数の事業所に当該事業所における組合員を代表する代表者がいることになる。

民間ホワイトカラーの組合であるUnionenも構造的には同様で、中央本部、地域支部、「クラブ」という構造になっている。なお、Unionenの場合、地域支部は24となっており、IF-Metallに比べるとその数は少ない。

(2) 1企業複数組合

スウェーデンの労使関係を考える上で、見逃してはならないもうひとつの特徴として、企業が、複数の組合によって組織されている点が挙げられる。スウェーデンにおいて従業員は、4つの組合に組織されている。例えば熱交換機器などを製作する民間製造企業SA社を例にとって見ると、ブルーカラーをIF-Metallが、職長（スーパーバイザー）を職長組合（Ledarna）が、ホワイトカラーを職員組合（Unionen）が、大卒エンジニアを中心に大卒エンジニア組合（Sveriges Ingenjörer）が、それぞれ組織している（**図表3-2**）。

このように、1つの企業は1つの組合によって組織されているわけでは

なく、職種や学歴などを軸に作られた複数の組合によって組織されている。各企業における組合間の関係であるが、企業ごとに異なっており、比較的仲が良く一定程度コミュニケーションが取れているケースもあれば、そうではないケースもある。もっとも、大手自動車製造企業であるSV社などでは、コミュニケーションは取れているものの、それぞれの組合が別々に賃金交渉を行っているという。この点から、コミュニケーションがうまく取れているといった場合でも、各組合間には一定の境界線が設けられていることが窺われる。職場における組合間の対立、すなわち、労労対立が、一定程度存在していると言えよう。

図表3-2　職場を組織している組合

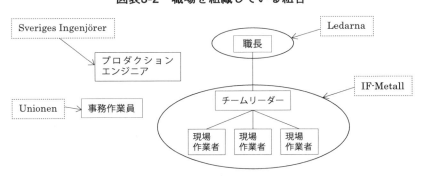

出所) SA社ブルーカラーの「クラブ」代表への聞き取りより筆者作成。

(3) 賃金交渉形態の推移

ア　12月の妥協／基本協約（1906年）

　スウェーデンの労使関係の実質的な始まりは、1906年にLOとSAFの間で行われた「12月の妥協」からである。この妥協で見逃せないことは、経営側のナショナルセンターであるSAFが労働者の団結権と団体交渉権を認めた一方で、ブルーカラーの労働側のナショナルセンターであるLOは、採用、解雇、配置などを経営の専決権として認めたことである（Whyman2003）。こうした労使のお互いの譲歩によって、スウェーデンの労使関係はスタートした。そして、1938年にはLOとSAFの間で基本協約

第3章　スウェーデン―企業内の労使交渉を重視した労使関係―

（サルチオバーデン協約）が締結される。これは現在でも生きている協約で、スウェーデンの労使関係の基本的性格を規定した協約である。基本協約で確認されたことで重要なものとしては、労使自治の原則、経営権の範囲、組織化の自由、労使協調的で平和的な交渉手続きの重視などがある（稲上＆ウィッタカー 1994、Visser1996）。

　以上のように、団結権、団体交渉権等の労使関係にとって重要な取り決めは、戦前に行われていたと言える。ただ、労使の頂上団体であるLOとSAFは、戦前は、第二次世界大戦中を除いて、賃金決定に直接的には関与していない。彼らがその際に実施したのは、物価スライド方式での賃金決定である。これは、どちらかと言うと、ナショナルレベルによる産業レベル以下の労使関係への関与の強化というよりは、非常事態時において、国家が労使関係に関与することを避けるために労使自らが予防線をはった、という意味合いが強いものである（Johnston1962）。ナショナルセンターであるLOとSAFが賃金交渉を開始するのは、1950年代に入ってからである。

⚡　中央体制のスタートと崩壊（1956 ～ 1983 年）

　戦後、賃金交渉を産業レベルからではなく、さらに一段上の中央レベルで開始するかどうかの議論が行われるようになった。1952年に、経営側の要請で、例外的措置として中央協約が締結されたが、それはあくまで一時的な措置とすることが、中央レベルの労使の間で合意されていた（Johnston1962）[11]。

　賃金決定から組合の交渉力を排除することは、経営側、特にSAFの主要メンバーであった製造業の大企業が強く望んでいたことであった。大企業は、特に、保護産業に属している労働組合の強大な交渉力による賃上げ圧力が、自身のセクターにも波及してくることを危惧しており、その危惧が、産業横断的に賃金を規制するための中央交渉のスタートを熱望させることになったのである（EIRR1984、Hibbs＆Locking2000）。1956年から中央体制はスタートするのであるが、最初にそれを望んだのは、組合の交渉力を恐れる経営側だったことは、押さえておくべきことであろう。

133

こうして始まった中央交渉であるが、1983年に崩壊することになる。原因は様々であるが、1980年の中央交渉で起こった大争議が、SAFに中央体制を再考させるきっかけとなったひとつの大きな要因であった（宮本1999）。

急速に上昇する物価、失業率の増加、国際競争力の低下といった、1980年のスウェーデン経済の深刻な状況は、1980年の交渉ラウンドにおいて、労使を正反対の立場に追いやり、LOが11.5%の賃上げを要求する一方で、SAFは0.5%の賃上げを主張した。両者の大きな隔たりは、労使の自主的な交渉によって解決することはできず、政府の任命した仲裁者が、仲裁にあたることとなった。しかしながら、仲裁者が提示した案は、LOにとって受け入れ難いものであり、LOはその案を拒否し、ストライキを行った。それを受けて、SAFもロックアウトで対抗したのであった（EIRR1980a、EIRR1980b）。

1980年の賃金交渉ラウンドの後、1981年にSAFは、中央体制をやめ、労使関係を産業レベルに分権化することを決定する。1981年の交渉ラウンドは、SAFの規約改定が間に合わなかったため、分権化は見送られたが、1982年にSAFは規約を改定し、傘下の経営者団体が自由に協約を締結することを認めた（Olsson1991）。こうしたSAFの規約改定に最も迅速に対応したのが、金属産業経営者団体（VF）であった[12]。1983年の交渉において、VFは交渉相手であるMetall（金属産業組合）[13]に対して良い条件を提示することで、Metallを中央体制から離脱させることに成功した（宮本1999）。こうして中央体制は終わりを迎えることになったのである[14]。

ウ 産業レベルを頂点とする賃金交渉形態へ（1993年～）

その後、一部の産業を対象とした中央協約が締結されるときもあれば、されないときもあるなどの時期を経て、1993年以降、スウェーデンの賃金交渉形態は、産業レベルに完全に分権化した。交渉形態から見ると、新しいスウェーデンの労使関係の始まりと言える。これ以降、産業レベルを頂点とした新たな賃金交渉が実施されるわけであるが、93年と95年の賃金交渉ラウンドは、争議行為を伴うなど荒れた展開となった（篠田

編2001)。こうした経験から、1997年に産業横断的な調整が一部の産業の間で開始されることとなる。

まず、スウェーデンの民間部門のブルーカラーとホワイトカラーの組合が集まり、スウェーデン産業組合（Swedish Union within Industry／Facken inom industrin）が結成された。スウェーデン産業組合は複数組合が集まった組織であり、労働組合組織ではないものの、この組織がその後の賃金交渉において果たした役割は小さくない。

このスウェーデン産業組合の呼びかけが発端となり、民間の輸出セクターを中心とした主要産業の労使[15]に適用される協調協約が、1997年3月17日に労使の間で締結されることとなった[16]。この協約は、①産業の発展のために行わなければならないこと、②産業別交渉における交渉の手続き、および、③労使が合意できなかった場合の第三者による調停手続きなどに関する事柄が規定されており、スウェーデンの労働力の1/5（約80万人）をカバーしている（EIRR1997）。なお、2011年に、協調協約は締結し直されている。産業レベルの労使当事者によると、この協約は、労使関係の安定化に少なからず寄与しているという[17]。その代表的な例を示すと、協調協約締結以降、産業別協約の有効期限が到来する前に、新たな協約が結ばれるようになっている。IF-Metallの交渉部によると、かつては、その時の協約終了期限を迎えても、新たな協約が結ばれないという事態に陥ることがよくあったという。こうした事態が生じ難くなったのは、協調協約によって、産業レベルの団体交渉における交渉スケジュールが具体的に定められたことによる部分が大きいという[18]。

また、スウェーデン産業組合の活動の中で注目すべき点として、賃金交渉ラウンドに先駆けて賃上げ率の共通要求を作成していることが挙げられる。これは、スウェーデン経済の成長を損なわず、かつ、労働者の賃金を上げていくことができる水準をスウェーデン産業組合なりに考えて作成されている。加盟している各組合はひとたび共通要求案が合意されると、その水準で産業別協約を締結するよう賃金交渉に臨むという。この共通要求案の作成であるが、後に紹介する賃上げ率を明記しない産業別協約である「Figureless協約」において賃上げ率の暗黙のフロアとして機能

している部分もある。このように、この共通要求案は、持続的な経済成長
と労働者保護の両方の機能を果たしている面がある[19]。

　これに加えて、特定の民間産業部門とはいえ、大卒エンジニア、ホワ
イトカラー、ブルーカラーが、互いに歩調を合わせようとしているとい
う点も見逃してはならない。産業レベルにおいて、ある種の階層横断的
な調整・協調活動の萌芽が見られており、こうした活動の存在が個別企業
内における労使関係にいかなる影響を及ぼすのかについては、今後引き続
き見守っていく必要があると言える。

(4) 個別企業における賃金交渉形態

　さて、以上のような推移を辿り、現在の機械・金属産業は、産業レベル
での階層横断的な調整活動を伴った産業レベルと個別企業からなる賃金交
渉形態を形成している。では、個別企業の賃金交渉はいかなる形で実施され
ているのか。まず、大きくは、当該企業の事業所において、組合組織である
「クラブ」が形成されているか否かで異なっている。「クラブ」がある場合、
当該「クラブ」が使用者との交渉当事者となる。一方、そうした「クラブ」
がない場合、交渉当事者は、産業別組合の地域支部となる。地域支部は「交
渉人」と呼ばれる人間を抱えており、この「交渉人」が使用者側と交渉を行
う。

　ただし、スウェーデンの場合、企業レベルのどの単位において賃金交渉
が実施されるかは、各社で異なっている。例えば、SV社の場合、地域の事
業所を統括して賃金交渉が実施される。経済状況等により、全社単位で賃金
交渉が実施されることもあるが、基本は、地域内で完結している。これが、
SS社の場合、全社単位でまず賃金交渉が実施される。いずれもエンジニア
リングセクターを代表する大規模企業なのであるが、企業内の賃金交渉形
態は、各社各様の様相となっている。

第3節　ブルーカラーの産業別協約

本節ではまずブルーカラーの産業別協約の内容について、IF-Metallのエンジニアリングセクターの産業別協約を中心に議論を進める。その上で、次節において、個別企業の状況について確認する。

1 機械・金属産業組合（IF-Metall）の組織形態[20]

対象としているIF-Metallは、大きく中央本部（Head Office）と地域支部（Local Branch）から構成される。中央本部はストックホルムにあり、ここが産業別交渉の際の主要なアクターとなり、対応する経営者団体と産業別協約（セクター協約）を締結する。ただし、一言で産業別協約と言っても、IF-Metall内で1つだけ産業別協約（セクター協約）が締結されているわけではない。マイニングセクター、エンジニアリングセクター、ケミカルセクターといった具合で業種に基づいて括られた単位ごとに、それぞれ産業別協約（セクター協約）が締結されている。そのため、IF-Metallは、複数の経営者団体と複数の産業別協約（セクター協約）を締結している。現在、IF-Metall内で43のセクター協約がある。

一方、地域支部は、スウェーデンの各地域に設置されている。IF-Metallで51の地域支部が置かれている。本節とのかかわりで重要なことは、地域支部は、産業別交渉の当事者ではないことである。地域支部は、産業別協約を締結するために、自ら経営者団体と交渉しているわけではない。産業別協約締結の当事者は、中央本部である。

では、地域支部の役割とは何か。担当地域内での組織化活動や安全衛生活動などその活動は多岐にわたるのであるが、賃金決定における重要な活動として、企業内に「クラブ」（組合）を持たないところの賃金交渉を担当していることが挙げられる。つまり、地域支部は、産業レベルの協約締結当事者ではない一方で、企業レベルにおける賃金交渉に参加している主体となっている。したがって、地域支部の役割を明らかにすることは、「クラブ」のない事業所の賃金決定を明らかにすることにつながると言える。

2 産業別協約における賃金に関する規定（一般的な傾向）

　さて、次に産業別協約の規定について確認しよう。ヨーロッパ諸国は、企業ではなく産業レベルで賃金が決定されていると言われている。しかしながら、単に事業所ごとの平均賃上げ率を決定しているのみの場合と、職種ごとの賃率についても決めている場合とでは、同じ産業レベルで賃金が決まっていると言っても、その意味合いは異なってくる。以下では、長年スウェーデン労使関係のパターン・セッターと見なされてきた機械・金属産業の産業別協約のうち、ボルボやサーブなど主要企業に適用されるエンジニアリングセクターの産業別協約の規定を中心に、この点について確認する。

　まず、具体的な協約の文言に入る前に、全体の状況を確認しておこう。賃金に関する規定の置き方として、大きく4つのパターンがある。その4つとは、「①産業別協約の規定が例外なく適用」、「②最低基準として適用（上回る分は良い）」、「③企業で合意できなければ、産業別協約の規定が適用」、「④産業別協約において規定無し」である。なお、UnionenやIF-Metallへのヒアリングによると、「③企業で合意できなければ、産業別協約の規定が適用」については、実際の企業での交渉において、産業別協約の内容を下回るような条件で、労使が合意することはないという。したがって、「②最低基準として適用（上回る分は良い）」と「③企業で合意できなければ、産業別協約の規定が適用」については、運用においては同じこととなる。エンジニアリングセクターに限れば、ブルーカラーであるIF-MetallとホワイトカラーのUnionenが、「③企業で合意できなければ、産業別協約の規定が適用」であり、大卒エンジニア組合と職長組合が「④産業別協約においては規定無し」となっている。

　以上のようにいくつかの種類があるわけであるが、**図表3-3**は、協約の種類を数タイプに類型化し、その比率を示したものである。**図表3-3**によると、上記の4つのタイプに①と②を組み合わせた計5つのパターンがある。各タイプの内訳を見てみると、産業別協約の規定が例外なく適用されるのは、スウェーデン全体で8%、民間部門においても13%程度となっている。このことから、多くの企業において、何らかの交渉が実施され産業別協約の内容が変更されていることが分かる。

138

第3章　スウェーデン―企業内の労使交渉を重視した労使関係―

図表3-3　賃金協約における賃金規定（％）

	スウェーデン全体	民間部門
産業別協約の規定が例外なく適用	8	13
産業別協約の規定は、最低基準として適用	39	37
企業で合意できなければ、産業別協約の規定が適用	16	19
例外なく適用＋最低基準として適用	14	22
規定無し	23	9
計	100	100

注）数値については Mediation Office が公表した2015年の数値を基に算出。
出所）Unionen 作成資料を基に筆者作成。

　参考までに、IF-MetallやUnionenに適用される「③企業で合意できなければ、産業別協約の規定が適用」と大卒エンジニア組合や職長組合に適用される「④産業別協約において規定無し」の文言を記しておこう。まず、「③企業で合意できなければ、産業別協約の規定が適用」の場合、下記のような文言となる。下線部が引いてあるウェイジプールが、賃上げ率にかかわる規定であり、企業内で労使が合意できなった場合、この文言の規定に沿う必要がある。

　「もしローカルレベルの双方の当事者の間で他の合意がなされなかった場合、当該事業所の労働者たちの月給の2.8%、2.5%、2.8%のウェイジプール（lönepott ／ Wage pool）が、2007年4月1日、2008年4月1日、2009年4月1日に、それぞれの事業所において、創出されなければならない（下線筆者）。」

　次に、「④産業別協約において規定無し」を確認しよう。下記の通り、具体的な賃上げ率等の数値が示されていない。協約の文言中に出てくる給与レビュー（Salary review）とは、企業において実施される賃金交渉のことを

139

指している。このように、企業は、労使と賃金交渉を実施しなければならないが、その妥結条件については協約に明記されているわけではない。このように、先の「③企業で合意できなければ、産業別協約の規定が適用」とは異なっている。もっとも、大卒エンジニア組合（Sveriges Ingenjörer）によると先に紹介したスウェーデン産業組合で実施されている共通要求案で示される賃上げ率が、事実上のフロアとして機能しているという。その意味では、実際には、賃上げ率の最低水準に関する目安は定められていると言えよう。

給与に関する協約－給与決定の基礎

　「この協約の目的は、企業の事業、メンバーの達成した成果、クオリフィケーション、および、技能が個人の昇給（salary development）と密接に結びつくようなプロセスを作ることにある（to create a process where the company's operations, the member's achieved results, qualifications and skills are closely linked to the individual salary development.）」。

　「もし、ローカルレベルの双方の当事者（local parties）が他の合意をしていなければ、給与レビュー（salary review）の日は、2013、2014、そして、2015年のそれぞれの4月1日に実施される」。

　「ローカルレベルの双方の当事者は、本協約のセクション2にある給与の原則の適用に関して合意する」。

　以上、賃金協約における規定内容の全体の状況について簡単に確認した。ところで、「③企業で合意できなければ、産業別協約の規定が適用」の文言を見ると分かる通り、具体的な条件に関する規定を設けていると言っても、事業所ごとの平均賃上げ率しか明記されていない。個人の分配に関する規定はそれほど強くないことが窺われる。そこで、IF-Metallのエンジニアリングセクターの協約に沿って、協約内容についてもう一歩踏み込んで見ていこう。

3 IF-Metall エンジニアリングセクターの協約における賃金に関する規定[21]

以下、IF-Metallのセクターのひとつであるエンジニアリングセクターの賃金に関する規定を見ていこう。大きく、最低賃金と賃上げ率に関する規定がある。

（1）簡素な最低賃金

まず、最低賃金について。最低賃金は、大きく月給と時間給の2つがある。まず、月給の文言は以下の通りとなっている。

> 「18歳に到達した被用者達は、2007年の4月1日から、月例給を最低15,410スウェーデンクローナ（以下SEK）、2008年4月1日からは15,903 SEK、2009年4月1日から16,476 SEKを受け取らなければならない。特別な技能の仕事（specially qualified work）については、最低月例給は、2007年4月1日から17,022 SEK、2008年4月1日から17,567 SEK、2009年4月1日から18,199 SEKでなければならない」。

上記の文言から分かる通り、具体的な職種別賃率を決めているわけではない。一方で、時給の場合、4つの等級で構成されている（**図表3-4**）。とはいえ、各等級の定義は、**図表3-5**から明らかなように、職務について必ずしも精緻な規定を設けているわけではない。

図表3-4　最低賃金（時給）

		1 April 2007	*1 April 2008*	*1 April 2009*
Lönergrupp（等級）	1	81.70	84.31	87.35
	2	86.44	89.21	92.42
	3	91.46	94.39	97.78
	4	96.76	99.86	103.45

注）単位はオーレ（öre）。100オーレで1クローナ（SEK）。1クローナは2013年時点で、16円から17円程度。
出所）Teknikarbetsgivarna & IF-Metall（2007）より筆者作成。

141

図表3-5　各グループの定義

グループ	定義の内容
グループ1	それほど困難ではない職場環境の下で、肉体的にも厳しくなく（little effort）、詳細な指示の下で、予め定められたルーティーンに従い行われる仕事（work）。
グループ2	困難な職場環境の下で、適度な肉体的な負荷がある（moderate effort）仕事（work）。口頭、もしくは書かれた指示に従うとともに、ある程度の特別な訓練と実際の経験を要する仕事もこのグループに含まれる。
グループ3	技術的な訓練、もしくは、理論的な訓練、および、実際の経験を必要とし、口頭や書かれた指示に加えて、判断や主体性が必要な仕事（qualified work）。困難な職場環境の下で、肉体的に厳しい（heavy effort）仕事（work）もこのグループに含まれる。
グループ4	非常に多くの技術的な訓練、もしくは、理論的な訓練、および、実際の経験を必要とするとともに、判断、主体性、仕事の成果に対する責任を要する仕事（especially highly qualified work）。技術的、もしくは理論的な訓練、および、実際の経験を必要とするとともに、口頭や書かれた指示よりも、判断や主体性を必要とし、かつ、困難な職場環境の下で、十分な肉体的負荷のかかる仕事もこのグループに含まれる。さらに、このグループには、非常に厳しい職場環境の下で、肉体的負荷が過度に大きい仕事も含まれる。

出所）Teknikarbetsgivarna & IF-Metall（2007）より筆者作成。

　このように、職種別賃金を産業レベルで構築していると言うには、やや心許ないものとなっている。この点について、SV社における組合組織であるSV社ブルーカラーの「バークスタッズクラブ」代表の言葉を借りれば、「企業は独自の賃金システムを持っており、独自の賃金表（tariff）を持っている。それぞれの労働者の賃金は、会社の制度に基づいて決定している」のである。

　さらにもう一点重要なことは、最低賃金の水準は決して高いわけではないことである。通常、事業所にいるほぼすべての労働者が、既に最低賃金以上の賃金を得ている。事業所の規模が60人程度の所であっても、1,000人を超える所であっても同じ傾向になっている。この点は、IF-Metall副委員長[22]の発言が参考になる。

　　「あまり、それ（月給の最低賃金における specially qualified work …筆者）にこだわる必要はない。というのも、ほとんどすべての労働者が、既に最低賃金以上の賃金を得てしまっているので、その区分け自体が意味のないものとなってしまっている」。

142

第3章　スウェーデン―企業内の労使交渉を重視した労使関係―

　先に指摘した職務の定義という意味では曖昧であったグルーピングと、上の発言を併せると、個別企業内で形成されている労使関係が重要になってくることが予想される。

（2）事業所全体の平均賃上げ率に関する規定

　最低賃金のほかに、産業別協約では、賃上げ率が設定されている。傘下の企業は、いかなる理由があれ、この条件を下回る内容で、ローカル協約を締結することはできない。このように、非常に強い規定が設けられている。繰り返しになるが、文言は以下の通りである。

　「もしローカルレベルの双方の当事者の間で他の合意がなされなかった場合、当該事業所の労働者たちの月給の2.8%、2.5%、2.8%のウェイジプール（lönepott ／ Wage pool）が、2007年4月1日、2008年4月1日、2009年4月1日に、それぞれの事業所において、創出されなければならない（下線筆者)」。

　上記におけるウェイジプールが、それぞれの年度の賃上げ率となる。傘下の企業において、これ以上の水準となることは問題ないが、これ以下の条件で協約を締結することはできない。ただし、この水準であるが、あくまで事業所全体で見た場合の賃上げ率について設定したものである。つまり、仮にAとBの2人がいる事業所を想定し、産業別協約で設定された水準を6%とすると、Aを8%とし、Bを4%としても問題ない。協約における賃上げ率の規定は、個々の労働者に対する分配に対して設けられているわけではないのである。

　この点、交渉当事者達もそこまで厳格な規定を設けているわけではないと考えているようである。以下のエンジニアリング産業経営者連盟（Teknikföretagen）とのやり取りが参考になる。

　回答者「柔軟でない項目は、僅かしかありません。（中略）ほとんどは、ローカルレベルに交渉が開かれているのです。（中略）賃金は完全に

143

柔軟ではありません。ただ、ブルーカラーの賃上げに関する規定は、パーセンテージです。ブルーカラーの協約を見てみたら分かる通り、協約を見てほしいのですが、(中略) この全ての個人の月例賃金の1.7%（という産業別協約上の規定…筆者）が、賃上げ原資（Wage kitties）を設定します。そして、その分配について交渉が行われます。この人は幾ら、この人は幾らと。(中略) 全体を見たとき、平均賃上げ率は、少なくとも1.7%でなければなりませんが、1人は0%で、ほかの者が、3.4%でも、OKなんですよね」。

質問者「OKですよね」。

回答者「ブルーカラーでは、企業で問題があった時、（賃上げ率を…筆者）1.7%を1%にすることは、まだできませんが・・・」。

　そしてここが重要なことなのであるが、組合側もそのようなラフな規定で問題ない、と言うよりも、むしろそうあるべきだと考えている。下記のIF-Metall交渉部長とのやり取りが参考になる。

回答者「我々は最低賃金だけでなく、賃上げ原資についても交渉する。（最低賃金は、…筆者）我々は2つある。(中略) もし、スウェーデンとドイツの協約を比較するのであれば、ドイツの協約は非常に分厚い（fat）。スウェーデンは、」。

質問者「非常に薄い（thin, thin）」。

回答者「（笑）。この違いは、我々のカルチャーから来ている。我々は、全てのことを（産業別協約で…筆者）決めないんだ（we don't regulate everything）。(中略) ドイツは、（産業レベルで…筆者）多くのことを決めている。我々は、「クラブ」と使用者に大きな自由を与えようと試みている（bigger, bigger freedom）。(中略) 我々は、現状で良いと考えているんだ。(中略) 組合活動は、メンバーの近くで行うべきだと考えている。メンバーはショップフロアーにいる。こう言えるだろう。「クラブ」に協約を締結するだけの力を与えようと思えば、産業別協約で全てを決めてしまうのは良くないことだ。組合

第3章　スウェーデン―企業内の労使交渉を重視した労使関係―

活動を組合員の近くで行わそうとすれば、（産業別協約で詳細な取り決めを行うことは…筆者）正しいことだとは言えない。職場の投票で選ばれた者に、より多くの交渉力を与えなければならないと考えているんだ」。

　以上から分かる通り、組合自身も賃金決定の主要なステージを企業内に置くことが、労働運動を展開していく上で重要だと考えている。

　さて、次節において個別企業の賃金交渉や賃金決定について確認する前に、本節の内容をまとめておこう。第一に、産業別協約によってすべてが例外なく決まっているわけではない。「産業別協約の規定が例外なく適用」されるケースは、稀なことである。個別企業内において交渉の余地を残したものとなっている。加えて、第二に、産業別協約によって個別企業における賃金制度や具体的な賃金額が厳格に決められているわけではない。では、何を決めているのか。第三に、事業所全体の賃上げ率の最低水準を決めている。協約が2%と言えば、協約が適用される企業は、必ず2%の賃上げを行わなければならない。ただし、この水準は、分配についてのルールを定めたものではない。

　したがって、個々人の賃上げを幾らにするのかは、個別企業内において実施される賃金交渉にその多くが委ねられていると言えよう。

第4節　企業における賃金交渉（ブルーカラー）

■1 「クラブ」がある場合

　以上で確認してきたことを念頭に置きつつ、事例から個別企業において賃金がどのように決められているのかについて、確認しよう。まず、組合組織である「クラブ」がある場合を中心に議論を進め、その後に「クラブ」が無い場合を確認する。「クラブ」のある場合については、エンジニアリングセクターの代表的企業であるSV社T事業所の事例を中心に議論を進める。

145

(1)「クラブ」の組織

具体的な内容に入る前に、組合組織であるSV社ブルーカラーの「クラブ」について、簡単に確認しておきたい。**図表3-6**のようになっている。まず、イエテボリ地域を統括している「クラブ」がある。スウェーデンでは、「バークスタッズクラブ」と呼ばれている。この「バークスタッズクラブ」がイエテボリにあるSV社の各事業所を統括している。

次に、その下にあるのが、「グループ」レベルである。「グループ」は、組立工場（Assembly Group）や車体工場（Body Shop Group）などの各工場単位のことを指しており、25個ある。このレベルは、「グループレベルのクラブ」と呼ばれている。そして、「グループ」レベルの下に部門（Department）と呼ばれる単位がある。部門の数は、「グループ」の規模によって様々である。例えば、組立工場の下には、20の部門がある。各部門には、1人のショップスチュワードがいる[23]。

図表3-6　SV社における「クラブ」組織

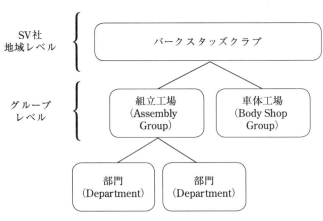

出所）SV社ブルーカラーの「バークスタッズクラブ」代表への聞き取りを基に筆者作成。

(2) 賃金交渉

賃上げ率に関する交渉は、先に示した組合組織図で言うと、SV社地域レベルで実施される。交渉の主体は、「バークスタッズクラブ」である。基本

的には、他の地域の事業所を一括した全社レベルの賃金交渉は実施されていない。なお、リーマンショック以降、臨時措置として、国内の事業所を一括して交渉が実施されている。2013年の調査の際には、こうした措置が今後も続くかどうかは、不透明とのことであった。

結論から述べると、協約期間や賃上げの分配については、事業所の労使の決定にその多くが委ねられている。もちろん産業別協約の期間を超えるような協約は締結できないが、例えば産業別協約の期間が3年間であれば、1年ごとに協約を締結することもできれば、2年協約と1年協約に分けることも可能である。では分配について、T事業所のブルーカラーの賃金体系に基づいて概観しよう。

T事業所の賃金体系であるが、2つの労働者のグループ（プロダクションワーカー／メンテナンスワーカー）で異なっている[24]。ここでは、プロダクションの賃金体系を基に、その分配について確認しよう。

賃金体系は、AV（基本給）、能力給、VCTボーナス[25]、シフト手当、特別な車種を製造する際に与えられる手当、勤続給、時間外労働割増賃金となっている。なお、AV（基本給）であるが、SV社には、AVシステムと呼ばれる資格等級制度があり、12等級で構成されている。AV1から3は、現在は使われておらず、実際には4等級が最も下の等級となっている。詳しくは後述するが、各職務が該当する等級に格付けされている。なお、企業内での経験年数に応じて同じ職務であっても異なる等級に格付けされることはある。例えば、プロダクションワーカーの場合、AV4級からAV7級までの間に格付けされる。

以上のような賃金体系に対して、事業所の労使は、事業所全体の賃上げ率を交渉するとともに、各賃金項目への具体的な分配についても交渉を行っている。例えば、2007年から2010年までの3年間は、2年協約と1年協約というふうに区切られ、それぞれの賃上げ率は、最初の2年が8%で、残りの1年が3.6%で合意されている。

ところで、事業所における賃金交渉の際に、産業別協約の規定を下回るという発想は、組合当事者には無い。「バークスタッズクラブ」代表の言葉を借りると、「上回ることのみ可能だ（Only above）。我々は、下回ること

について交渉することはない、決してない（We never renegotiate anything below, no, no, no, no）」のである。

ところで、企業内の労使が合意できなかった場合、どのような手続きが取られるのであろうか。この場合、産業別組合と経営者団体が交渉の仲裁に乗り出すことになる。しかしながら、「クラブ」はこうしたことが生じないよう使用者側と合意できるように努めているという。その理由は、上部団体が来ると、産業別協約で定められている賃上げ率が適用されることになるからである。「クラブ」にとっては産業別協約の内容は「条件の悪い」ものであり、そのため、自分達で合意することに努めている。このように、産業別組合は、賃金交渉において「クラブ」の交渉力が行き過ぎたものにならないよう、一定のコントロールを効かしている。

さて、こうして合意された賃上げ率は、次に具体的な賃金項目に分配されていくわけであるが、その方法を簡単に確認しておこう。まず、時間外労働割増賃金に賃上げ原資を充てることはできない。さらに、能力給部分にも分配されてはいない。その他の項目に対して分配されるわけであるが、2007年からの2年協約を例にとると、勤続給部分の昇給を凍結する代わりに、他のAV（基本給）、VCTボーナス、シフト手当、特別な車種を製造する際に与えられる手当がそれぞれ8％アップすることになっている。このように、どの賃金項目を何％上げるのかは、企業内での労使交渉を通じて決められている。なお、こうした交渉は、基本的にはSV社地域レベルで実施されており、交渉の主体は、「バークスタッズクラブ」である。

(3) 職務の価格付け

さて、前節で確認した通り、職種別賃金表を作成しているというにはやや心許ない産業別協約の下で、各職務の賃率はどのように決定しているのか。職務の価格付けについて、分かる範囲で確認したい。

どの等級にどの職務が格付けされるのかは、事業所内の労使で構成される職務評価委員会によって決定される。各職務はその合計点に応じて、AV等級に格付けされる。また、この職務評価は恒久的なものではなく、職場から職務の再評価の要望がくれば、委員会が再評価を実施し、必要があれば異な

148

る等級に格付けしなおすこともある。

　職務の評価は、大きく、技能、必要な教育水準、責任などの要素から構成される「教育と責任に応じた要素」と、騒音や作業場の温度などで構成される「肉体的環境の要素」からなっている。それぞれの項目ごとに1点から10点の点数がつけられ、合計で125ポイントとなる。その内訳であるが、「教育と責任に応じた要素」で85ポイントを占めており、残りの40ポイントが「肉体的環境の要素」となっている。この比率からも分かる通り、プロダクションよりもメンテナンスの仕事の方が、高い点数がつくようになっている。この職務評価は、SV社特有のシステムである。現在の方法の基本的な考え方は、50年代に産業レベルの労使で作られたものを参考にしているという。ただ、ここで言う「基本的な考え方」とは、**図表3-5**で確認した4つの等級の定義を指しており、よって、産業レベルの非常にラフな定義を参考にしつつ、SV社内で独自の職務評価の方法、および、資格等級制度が作成されていると言えよう。

(4) 評価に応じて決まる部分（能力査定）

　以上のような形で格付けされるAV等級が決まると、労働者の賃金がすべて決まるわけではない。スウェーデンでは、能力査定がブルーカラーにも導入されている。SV社においても導入されている。そのため、スウェーデンにおける賃金決定の実際を知ろうと思うと、この査定部分の賃金決定についても確認しておく必要がある。プロダクションワーカーとメンテナンスワーカーのそれぞれについて簡単に確認しておこう。

ア　プロダクションワーカー

　まず、プロダクションワーカーの査定は、査定点に基づいて、0%から10%の幅で各労働者間の賃金に差がつくようになっている。品質、主体性、協調性といった項目で評価は構成されており、スーパーバイザーが、労働者を評価する。査定点が満点であれば、AV（基本給）に10%が上乗せされる。一方、査定点が低い場合、その率は、8%になることもあれば、場合によっては1%となることもある。評価は半年に一度実施され、AV（基

149

本給）に対する上乗せ率が決定される。査定点と上乗せ率の関係を示したものが、**図表3-7**である。

なお、評価点が下がり上乗せ率が下がる場合、一度目は警告となり、直近の上乗せ率が維持される。次の評価の際も続けて低い評価点を取ると、上乗せ率が下がることになる。例えば、満点の者が、あるXという時期に550ポイントになったとしよう。この場合、即座に上乗せ率が8%となるわけではない。次の評価時期であるX＋6ヵ月まで、10%が維持される。そして、X＋6ヵ月の時点において、再度550ポイントだった場合、上乗せ率が8%となる。逆に、600点を取れば、10%が維持される。このように、2期連続で低い評価を取り続けると、上乗せ率が下がる制度となっている。

図表3-7　査定と昇給率の関係

査定点	基本給への上乗せ率
600 ポイント（満点）	当該グレードの 10%
〜 500 ポイント	当該グレードの 8%
〜 450 ポイント	当該グレードの 6%
〜 400 ポイント	当該グレードの 5%
〜 350 ポイント	当該グレードの 4%
〜 300 ポイント	当該グレードの 3%
〜 250 ポイント	当該グレードの 2%
〜 200 ポイント	当該グレードの 1%

出所）西村（2014）より転載。

では、各労働者の査定の点数のバラツキは、どの程度なのか。調査を実施した2013年のデータを示すと、上乗せ率の平均は、9.3%となっている。このように高止まりする理由としては、パフォーマンスの正確な測定（measuring）が難しいことが挙げられる。SV社の「バークスタッズクラブ」代表の言葉を借りれば、「最初の査定は、6%から8%の昇給となることが多い。1年たてば通常は10%となる」そうである。普通に仕事をこなせば10%になるような制度なのだという。そして、一度10%となると、以後、ずっと10%が維持され続ける。なぜなら、正確な測定ができないので、下げる理由がないからである。そのため、制度の外形は評価によって昇給率が変化するように見えるが、その実際は、非常に固定的（static）なものとなっていると言

第3章　スウェーデン―企業内の労使交渉を重視した労使関係―

えよう。

　もっとも、新人以外は10%となるとすると、数値が9%台で高止まりすることは、新人の採用が止まっていることを意味していると言える。この点は、「バークスタッズクラブ」の代表も問題視しており、もっと新規の雇い入れを定期的に実施するようにし、できれば平均値がもう少し下がった方が良いと考えているという。

　ともあれ、能力査定によって個々人の昇給率に差が生じるというような事態にはなっていないことは確かなようである。

イ　メンテナンスワーカー[26]

　一方で、メンテナンスワーカーについては、労使の交渉によって労働者の評価や、評価に応じた昇給額が決定している。まず、統一した評価制度は存在しない。例えば、テストドライバーの評価項目は、①生産性、②仕事のパフォーマンス、③レポートの質、④柔軟性、⑤リーダーシップ、⑥協調性、⑦態度の大きく7つの項目で構成されている。各項目はさらに細かく2つか3つに分けられている。

　評価は、部門（Department）[27]の監督者（スーパーバイザー）と部門の組合員で構成される評価グループが、それぞれ独自に行う。組合の評価グループは、部門にいる人数に応じて2人から5人で構成されている。評価グループのメンバーには、組合員のみなることができる。したがって、非組合員は労働者を評価することができないような仕組みとなっている。また、組合の評価グループの任期も各部門の判断に委ねられている。一年ごとに交代するところもあれば、複数年間同じ評価者が評価するところもある。これら2つのアクターによって行われる評価の手続きを示すと以下の通りとなる。

①　経営側の評価者であるスーパーバイザーと組合の評価グループが、それぞれが行った評価をお互いに見せあう。

②　その時、スーパーバイザーと組合の評価グループの評価が同じ労働者については、それが彼の評価点となる。

③　スーパーバイザーと組合の評価が異なる労働者については、交渉と

151

なる。

④　両者の間で合意することができなければ、「グループ」レベルの組合と「グループ」レベルの会社の人事部門が、交渉を行う。それでも合意できない場合は、「グループ」レベルの上にあるⅤ社地域レベルに交渉が持ち込まれる。

⑤　評価が確定すると、スーパーバイザーが評価結果を本人にフィードバックする。

　以上が一連の流れなのであるが、ここで注目すべき点は2つある。ひとつは、平の組合員が評価を行っているということである。組合の役員やショップスチュワードではなく、そこで働いている普通の労働者が評価を行っている。このことは、単に組合が評価のプロセスに関与しているということ以上の意味を持っていると言えよう。

　そして、もうひとつは、評価される当人は、評価の交渉には参加していないことである。普通、査定に組合が関与していると言われると、まず、本人に評価が通知され、もし本人が合意できなければ組合の苦情処理にかけるというような流れを想定するのであるが、少なくともＴ事業所のメンテナンスワーカーの場合は、そうはなっていない。この点は、この事業所の査定を考える上で興味深い点であると言えよう。

　上で述べたような手続きを経て評価が決定するわけであるが、労使の評価に隔たりはないのか。この点については、ほとんど労使の間で評価の相違はないらしく、組合の説明では、最初に提示しあった段階で、8割から9割の評価は、労使で同じになるという。そのため、評価は、ほぼ1日で終了している。では、その評価点は具体的にどのようにして実際の昇給額となるのだろう。

　査定部分の昇給額は、部門ごとに設置されている組合の評価グループとスーパーバイザーの交渉によって決まる。このように、評価点に応じて個々の労働者の査定給をいくらにするのかは、もっぱら労使の交渉に任されている。こうした交渉は、どのような形で行われるのか。当事者が説明の際に用いてくれた例をそのまま用いると以下の通りとなる[28]。

152

第3章　スウェーデン―企業内の労使交渉を重視した労使関係―

回答者「Mr. Aの賃金は30,000クローナとする。Mr. Bの賃金は25,000
　　クローナとする。彼らのポイントは、Aが50ポイント、Bが100ポ
　　イントとしよう。彼らの賃金を見るとAの方が多いので、Bに全てあ
　　げるんだ。なぜなら、彼（A…筆者）の賃金は、彼（B…筆者）より
　　も高い。だから、追加の賃上げを行う必要が無いんだ。彼らの二人
　　の賃金を近づけなければならないからね（you have to some equalize
　　those two.）（傍点筆者）。Aには、一律分の昇給（基本給部分の…筆者）
　　が行われる。で、残りの全ては、彼（B）にあげるんだ」。

質問者「Departmentにいる労働者を比較して、査定分の分配を決める
　　ということですか…」。

回答者「Yes, Yes」。

　以上の例から何が読み取れるのであろうか。確かに上の例は、説明のため
にやや極端な例を用いていると言える。ただ、そのことを考慮に入れたとし
ても、次の2点は注目に値する。第一に、査定の点数と昇給額は明確にリン
クしておらず、労使の交渉事項となっていることである。このような運用で
は、たとえ予算とその部門（Department）内にいるすべての労働者の点数
が毎年同じだったとしても、個々の労働者に与えられる昇給額は毎年異なる
ものになる可能性がある。第二に、昇給額の決定の際に、労働者間の賃金格
差を是正することが考慮に入れられていることである。

　さて、以上で見てきたように、メンテナンスワーカーにおいては、査定
が労働者間の賃金格差の是正に用いられていることが窺われた。そして、そ
れは現場の監督者であるスーパーバイザーと組合間の交渉を通じて実施さ
れていた。これらの事実は、査定の導入が労働者の団結を弱め、組合の活力
を奪うというような状況になっていないという点で、非常に興味深いことだ
と言えよう。

２ 「クラブ」がない場合の企業における賃金交渉

　以下では、「クラブ」のない企業における賃金決定について確認したい。
まず、一般的な事実として、「クラブ」を持たない場合、個別企業（事業所）

153

での交渉を担当するのは、地域支部のオフィサー（Officer）である。オフィサーとは、地域支部に雇用されている職員を指している。彼らや彼女らは、「交渉人（オンブズマン）」とも呼ばれている[29]。以下では「交渉人」という呼称を用いて議論を進めていきたい。地域支部ごとにその人数は異なっており、人口の多いエリアの地域支部では7人の「交渉人」がいる場合もあれば、比較的小さなエリアに置かれている地域支部では2人の「交渉人」しかいない場合もある。その仕事であるが、賃金やレイオフの交渉のほか、職場の安全管理などについて企業へ調査に行くなど多岐にわたっている。以下では、主要都市であるストックホルムを管轄している地域支部No.15の事例に基づき議論を進めていく。具体的な交渉の実態に入る前に、地域支部における交渉体制について簡単に触れておく。

　No.15の管轄地域であるストックホルムは、毎年新規に企業が立ち上げられることが多く、そのため、地域内の正確な企業数を把握することが難しくなっている。2015年の地域支部No.15へのヒアリングによると、同地域においてIF-Metallで締結されている産業別協約が適用されるのは、おおよそ1,100程度の事業所（主に中小企業）であるという。そのうち、10%程度に「クラブ」がある。したがって、約1,000ヵ所の事業所（主に中小企業）における賃金交渉を「交渉人」が担当していることになる。地域支部No.15には「交渉人」が9人いるので、1人当たり85から100程度の企業を担当していることになる。人によっては、100以上の企業を担当している者もいるという。今のところ、地域を北部エリア、南部エリア、東部エリアといった具合で区切り、1つのエリアを1人の「交渉人」が担当する形をとっている[30]。

　さて、交渉を通して、個々人の賃金はどのようにして決まるのであろうか。この点について確認しよう。まず、「交渉人」が担当するような小規模の企業であっても、産業別協約で規定されている最低賃金の水準で賃金が決定されることは、稀なことだという。

　そのため、交渉によって組合員の賃金が決定されることになる。通常、産業別協約が規定している賃上げ率に若干の色がついた条件で使用者側と合意できることが多いという。なお、賃金決定の方法はケースバイケースとなっている。通常、その方法は3つある。一つ目は、合意した賃上げ率をそ

のまま現在の組合員の賃金にかける方法である。というのも、「交渉人」が担当するような小規模の企業ではきちんとした賃金制度が確立されておらず、賃金が1つしかない場合もあるからである。この場合、その率さえ合意すれば、分配に関して、議論になることは特にはない。二つ目は、同じ賃上げ額を平等に分配する方法である。この場合も使用者側と合意すれば後は簡単な分配が待つだけである。

　三つ目は、各組合員それぞれに異なる分配を実施する方法である。この場合、賃金決定において上司の評価が入り込むことになる。この場合の難しさは、次のことから生じる。第一に、産業別協約の賃上げ率の規定から来る困難である。前節で触れたように、産業別協約の賃上げ率の規定は、必ずしも個人の賃上げを定めたものではない。あくまで、事業所全体の平均賃上げ率の下限を定めたものである。そのため、当該企業における組合員の賃上げ率の平均が産業別協約の規定を上回っていれば、自由に分配することができる。例えば、AとBには1,000クローナの昇給を行い、Cには300クローナしか昇給を行わなかったとしても、それが当該企業内にいる組合員の賃上げの平均で見たとき、産業別協約の水準を超えているような水準となっていれば、問題ではなくなる。第二に、賃金制度の未整備から来る困難である。地域支部の「交渉人」が担当するような企業は規模が小さい場合が多いので、大手企業のように評価制度が構築されているわけではない[31]。このように明確な制度がないので、使用者側から提示される賃金額が組合員の働き振りを正確に反映したものなのかどうかについては、大手企業以上に曖昧な部分が残されている可能性がある。

　以上のような難題を抱えつつ、実際の昇給額は、使用者側とそこで働く組合員のミーティングにおいて決定される。その際、組合員が提示された金額に納得すれば、彼の賃金は決まることになる。一方、組合員が提示された昇給額について納得できない場合、彼は地域支部に連絡する。連絡を受けると、「交渉人」が使用者側に対して、彼が行った評価の妥当性について確認する。そして、使用者側の評価に問題があると思えば交渉を行う。「交渉人」は、使用者が恣意的に「あなたは200、あなたは1,000、あなたは2,000」といった具合で昇給額を決めることがないよう、企業内の賃金分配交渉も担当

している。例えば、使用者側に対して、「この職場で働いている職員は、この成果を生む上で大変努力したのだから、もっともらう権利がある」という具合で、使用者側の提示した賃金よりも高い賃金が得られるように努めることもあるという。

逆に、必ずしも組合員が主張する賃金額が、「交渉人」にとって妥当だと思える水準でない場合もある。「交渉人」としては、使用者側の主張よりは高いが、組合側の主張よりは低い水準で、つまり、両者の主張の中間くらいで使用者側と合意するのがひとつのうまい解決策だという。地域支部No.15の「交渉人」の発言が興味深い。

　「大抵の場合、2つの見解があります。ひとつは使用者側の見解で、もうひとつは従業員側の見解です。時として、真実は、その中間にあります（笑）(Often there is two versions, employer's versions, employee's versions, sometimes true is between (laugh))」。

以上のような手続きによって、昇給額が決定されている。地域支部の「交渉人」は、上司の評価に基づく昇給が不公平なものとならないよう、時には個人の昇給額の決定にも参加している。個々の組合員の賃金決定に深く入り込んでいると言えよう。

コラム2　多様な賃金制度

　IF-Metallのエンジニアリングセクターの産業別協約は、賃金について詳細な規定を設けているわけではないことを指摘した。そのため、賃金制度は各社各様となっている。例えば、同じエンジニアリングセクターの協約が適用される企業で、従業員規模も国内で数千人以上、全世界で1万人以上の製造企業であるSS社、SA社、SK社の3社も、賃金制度はそれぞれ異なっている。

　例えば、トラックなどを主に製造しているSS社の場合、等級の名称はSV社と同じようにAV等級であるが、その等級数や職務を等級に格付

ける際の職務評価は、SV社とは異なっている。また、SA社の場合、賃金等級はなく、1つの基礎部分に、作業給と呼ばれるものが積み上げられていくような賃金制度となっている（**図表コラム－1**）。簡単に説明すると、1作業当たりの単価が定められており、1つの作業をこなす能力があると判定されれば、基礎部分にその作業分の昇給が積み上げられるような制度となっている。例えば、**図表コラム－1**の場合、作業Aをこなす能力があると判定されれば「作業A×単価」の昇給が積み上げられるようになっている。ここで示している例では、7つの作業をこなす能力があると見なされており、7個分（作業A、B、X、Y、a、α、β）の作業給が基礎部分に積み上げられることになる。能力の有無の判定は年に2回あり、職場の上司がその判定を行う。

図表コラム－1　SA社の賃金制度

			作業B		
			作業A		
	作業Y	作業X	基礎部分	作業α	作業β
			作業a		

出所）SA社ブルーカラーの「クラブ」提供資料より筆者作成。

　通常は、当該作業を行うための訓練を職場内で受けることができれば、能力を得たと判断されるという。制度上は、作業を実施する能力がなくなったと判断されれば当該作業分のその積み上げ分が無くなるのであるが、通常そのようなことは起きないという。こうした制度の下での「クラブ」の交渉戦術であるが、最も安定的な要素である基礎部分の金額を上げることよりも、作業単価を上げることに注力している。「クラブ」は、この制度のことを、能力を向上させることで賃金が上がり、かつ、年に2回の昇給チャンスがあることから、「賃金を上げるブースター」と捉えているという。単価を上げる方が、基礎部分の

賃上げに努めるよりも、楽に産業別協約が定めている水準以上の賃上げを獲得することができると考えているため、このような交渉態度となっている。

　一方、SK社の場合、等級ごとに20のランクを設けることが可能な制度となっている。各職場は、自身の職場における作業数や作業の難易度に応じて1から20のランクを設定することが可能となっている（図表コラム－2）。例えば、倉庫などでは作業数も少なく、かつ難易度もそれほど高くないので、ランクの数は少なくなる。これが品質管理にかかわる作業も含むような職場になるとランクの数は多くなる。ランク数は、必要に応じて労使で交渉し、決定されている。労働者の賃金は、各職場で新たな作業を行う能力があると見なされれば、1作業当たり1ランク昇給することになっている。その判断を行うのは、職場の同僚（主に先輩）である。SK社においてはほぼすべての従業員が組合員なので（組織率は9割程度）、事実上、組合員が組合員を評価していることになる。仲間同士で評価が甘くなることがありそうであるが、甘い評価をすると、実際に作業を遂行することができない者が、当該作業に配置されたときに困るのは、同僚自身となるので、現状そのようなことは、起こっていないという。

　「クラブ」は、この制度によって、より長期的に賃金を上げる手段を勝ち取ったと考えている。かつては、6等級のみからなる制度で、事実上、昇級による賃上げは、6年程度で終わってしまっていた。この制度の導入によって、最高20年間の昇給のチャンスを獲得することができるようになっている。もちろん、全ての職場が20のランクを持っているわけではないので、全員が20年間の昇給チャンスを持っているわけではないが、「クラブ」は、このような長期的な賃上げを組み込んだ賃金制度を導入できたことに満足しているという。

　この場合の賃金交渉であるが、「クラブ」は、各等級の第1ランクの金額の賃上げに努める。この制度は、第1ランクの賃金が上がれば、それに連動して上位のランクの賃金額も上がるようになっているので、フロアである第1ランクが上がれば賃金テーブル全体が書き換え

第3章　スウェーデン―企業内の労使交渉を重視した労使関係―

られることになる。そのため、フロアのランクの金額に関する交渉が、年々の賃金交渉で行われている。

図表コラム－2　SK社の賃金制度

ランク ＼ 等級	1等級	2等級	・・・・・・・・	6等級
1	25,000	27,000		○○○○
2	27,000	28,000		○○○○
3	28,000	29,000		○○○○
4	29,000	30,000		○○○○
5	30,000	31,000		○○○○
6	31,000	32,000		○○○○
7	32,000	33,000		○○○○
8	33,000	34,000		○○○○
9	34,000	35,000		○○○○
10	35,000	36,000		○○○○
11	36,000	37,000		○○○○
12	37,000	38,000		○○○○
13	38,000	39,000		○○○○
14	39,000	40,000		○○○○
15	40,000	41,000		○○○○
16	41,000	42000		○○○○
17	42,000	43,000		○○○○
18	43,000	44,000		○○○○
19	44,000	45,000		○○○○
20	45,000	46,000		○○○○

注）金額は架空。
出所）SK社ブルーカラーの「クラブ」提供資料より筆者作成。

3 　賃金決定の特徴

　さて、ここまでSV社を中心に個別企業内で実施されている賃金交渉の実態について確認してきた。もっとも、スウェーデンの賃金制度は各社各様のものとなっており、同じような業種で同じような規模の企業においても導入している制度は異なっている（SA社、SK社、SS社の賃金制度については**コラム2**参照）。加えて、企業の規模が小さくなれば大手の企業のように整理された賃金制度があるわけではない。こうした多様な賃金制度の存在は、

159

具体的な個人の賃金額の決定を個別企業内の労使関係に任せるというIF-Metallの交渉態度の証左とも言えよう。それでも共通する点として2つのことを指摘しておきたい。第一に、企業規模にかかわらず組合が交渉当事者としての存在感を示し、実効性のある労使関係が展開されていることである。企業内に組合組織である「クラブ」がある場合は「クラブ」自身が、無い場合は産業別組合の地域支部の「交渉人」が交渉代理人として、経営側と交渉を行っている。

　第二に、能力の向上によって昇給額が決まる部分の導入に対して、組合は、その導入に反対するのではなく、むしろ、好意的な態度を示している場合が多いことである。こうした制度は、SA社ブルーカラーの「クラブ」においては「賃金を上げるブースター」として、SK社ブルーカラーの「クラブ」においては長期的かつ安定的な昇給をもたらすものとして見なされていた。また、SV社ブルーカラーの「クラブ」においては査定による昇給部分は事実上組合員の賃金を集団的に上げる賃上げツールのようなものになっていた。一方、別の会社であるSS社ブルーカラーの「クラブ」は、評価による査定部分については好意的な見方はしておらず、この部分の比率はできる限り小さい方が良いと考えている。このように、交渉当事者の意向に左右される部分はあるものの、趨勢としては、仕事を行う上での能力に応じた昇給額の決定に関して好意的に受け止められることが多いようである。

　本節の最後に、賃金制度と組合の関係について触れておきたい。スウェーデンのブルーカラーの賃金制度は、大まかに言うと70年代までの出来高給、80年代の時間給、そしてそれ以降から現在にかけての能力査定込みの月給という流れになっている。そして、出来高給の下で、組合は交渉力を存分に発揮し、能率を「ごまかす」ことで、上部団体が締結する協約の規定以上の賃上げを職場で獲得していた[32]。そして、現在は、能力査定において交渉力を発揮している。ここでの疑問は、80年代の時間給時代をどのようにして乗り切ったのか、ということである。この点についての詳細を明らかにすることはできていないが、この当時の雰囲気を掴むためにSA社ブルーカラーの「クラブ」とのやり取りを紹介しておきたい。

第3章　スウェーデン―企業内の労使交渉を重視した労使関係―

質問者「能力査定の際に、組合がミーティングに参加するなどを通して、仲間の評価点を少しでも高くするように努めるとか、こういうことは、あまり他の国では見られないと思うんですよね。（中略）イギリスは出来高給から時間給になって交渉力を落としてきますよね。（スウェーデンも…筆者）80年代は時間給・・・だったと思うんです。時間給は、交渉の余地が・・・出来高給や能力給と違って無いですよね。何て言ったらいいんだろう。どうやって耐えたんですか、大きく交渉力を落とすことなく・・・、他の国とは違って？」

回答者「うーん。自分の企業の例だと、いつも何らかの変更があった。組織構造や作業方法など。組合員は、会社が組合と交渉していたことを知っていた。（中略）我々はいつも劣勢（underdogs）の中で、何か従業員にとって良いことを勝ち取らなければならない。（交渉力を…筆者）失ったことは失った、でも大きくは失わなかった。これは組合にとって重要なスキルのひとつだよ（笑）」。

質問者「80年代も企業内でのローカル交渉で、追加の賃上げは獲得していたのですか？」

回答者「80年代も、90年代も、00年代も、その額は年々減少しているけどね。でも、いつも獲得していた。追加の賃上げ無しに（会社側と…筆者）合意することはなかった。（中略）賃金以外のことで、賃金は最も重要なことだけれども、それ以外のこと、組織変更、作業内容の変更、要員変更などの際にも、交渉力を発揮するよう努めたんだ。（中略）大切なのは少しでも賃上げのエクストラを作りだすこと。沢山はいらないけど、組合員の信頼を維持するためにも、そのようなエクストラを常に獲得することが重要」。

質問者「信頼や関心を維持するためにも」。

回答者「そうそう（笑）」。

　上のやり取りから分かることは、第一に、賃金以外の事柄で組合員に対して組合の交渉力を示すことに努めていたことである。この点から、単純な時間給の下では、組合は、賃金交渉において交渉力を発揮することが難しかっ

161

たことが窺われる。第二に、とはいえ、僅かではあったとしても、産業別協約の内容を上回るような賃上げを必ず獲得していたことである。エクストラが無ければ決して合意しないという態度が、徹底されていたわけである。

さて、上の発言にもあるように、組合の求心力を維持し続けるためには何らかのメリットを組合員に提供していく必要がある。SA社ブルーカラーの「クラブ」の言葉を借りると、「賃金が上がったときは、組合員に、これは神の思し召しではなく、組合の懸命な努力の結果であることを知らせていく」必要があるわけである。

出来高給や能力給などの何らかの基準を設定し、それに基づいて評価が行われ、その結果として昇給額が決まる賃金制度の方が、その決定過程への参加の機会が増すため、単純な時間給や月例給に比べると、組合は、組合員に対して「神の思し召し」ではないことを示すことが容易なのであろう。本節で確認してきたことから分かることは、賃上げを通じて組合の求心力を維持する、つまり、組合が交渉当事者として存在感を示す上で、能力査定込みの賃金制度が寄与している面があることである。個人を評価するという、他国の労働運動では頑なに拒否されるような制度が、この国では組合の求心力の維持に寄与している面があることは[33]、スウェーデンの労使関係を考える上で、見逃してはならない興味深い点だと思われる。

第5節　企業における賃金交渉（ホワイトカラー）

さて前節においてブルーカラーの賃金交渉について確認した。では、ホワイトカラーはどのようになっているのか。本節ではこの点について簡単ではあるが確認しておきたい[34]。なお、対象とする組合は民間ホワイトカラーを組織している職員組合（以下Unionen）である。主に本社や事務所で働く労働者を組織化の対象としている。人事・総務などの管理・間接部門から、マーケティングといった販売系や技術開発系のエンジニアなども組織化の対象となっている。Unionenの組織化の範囲は広く、管理職や個人請負も組織化の対象としている。

第3章　スウェーデン―企業内の労使交渉を重視した労使関係―

1　産業別協約の内容

　ここでは、エンジニアリングセクターと流通セクターの産業別協約を基
に、ホワイトカラーの産業別協約において賃金の何が決められているのか
について確認しよう。ブルーカラーであるIF-Metallと同様、Unionenのエ
ンジニアリングセクターの産業別協約においても職種ごとの賃率が協約内
で定められているわけではない。下記の通りの文言となっており、その規定
はブルーカラーのそれと同じと言える。

ローカル交渉のための昇給積立金
（Salary kitties for local negotiations）

　「もし、ローカルレベルの双方の当事者（local parties）によって他
の日程が合意できなければ、企業は、対象となる俸給従業員全体の固
定給与（fixed cash salaries of its salaried employees as a group）の1.5%、
1.6%、そして、1.7%に相当する昇給積立金（salary kitties）を2013年4
月1日、2014年4月1日、そして、2015年4月1日に、それぞれ用意して
（set aside）おかなければならない。

　ローカルの当事者は、エンジニアリングセクター協約
（Teknikaavtalet Unionen ／ Sveriges Ingenjörer）の中にある給与の原則
に則るとともに、企業内における能力伸張に関する合意を考慮に入れつ
つ、昇給積立金を分配しなければならない」。

　一方、小売セクターの協約を見てみると、興味深いことに3つの賃金協
約がある。個別企業は、この3つの中から当該年度に適用される協約を選
択することができるようになっている。「パターン①」の協約は、エンジ
ニアリングセクターの協約と同じであり、事業所平均で見た場合の最低
賃上げ率の水準が定められている。「パターン②」は、企業での交渉にお
いて、特定の職種などに重点的な賃上げを実施したい場合に選択される協
約である。この場合、「パターン①」で規定されている賃上げ率よりも低
い賃上げ率となっている。「パターン③」は、賃上げ率の規定が無い協約
で、いわゆるFigureless協約である。エンジニアリングセクターにおい

163

図表3-8　小売セクターにおける3つの協約の特徴

	パターン①	パターン②	パターン③
2013年の賃上げ	2.1%	1.6%	無
2014年の賃上げ	2.3%	1.8%	無
2015年の賃上げ	2.4%	1.9%	無
最低賃金	有	有	無

出所）SVENSK HANDEL, AKADEMIKER FORBUNDEN & UNIONEN（2013）より筆者作成。

　ては、こうしたFigureless協約は、Unionenが締結している産業別協約には
導入されておらず、主に大卒エンジニアを組織している大卒エンジニア組
合（Sveriges Ingenjörer）の産業別協約において導入されている。一方、小
売セクターでは、Unionenの産業別協約にも導入されている[35]。各パターン
における賃上げに関する規定をまとめると図表3-8のようになる。

　ただし、産業別協約は、協約適用下にあるすべての企業に対して、上記
の3つを選択することを認めているわけではない。産業別協約において、当
該事業所に「クラブ」を有している場合のみパターン①から、パターン②
もしくは③に変更することを認めている。企業における組合組織である「ク
ラブ」の合意が、変更に必要な条件となっている。さらに、パターン①も
しくはパターン②から、パターン③に変更する場合、「クラブ」との間で
ローカル協約（Local Agreement）を結ぶ必要がある。このように、当該事
業所に組合組織がある場合にのみ、選択できるような仕組みとなっている。

　小売セクターに属する個別企業がそれぞれどの協約を選択したのかにつ
いてのデータは残念ながらないのであるが、当該セクターの大手ファッ
ションブランド企業であるSH社のストックホルム地域では、パターン①、
もしくはパターン②が選択され、パターン③は選択されないという。この
ように、どの協約を選択するかは、当該企業における労使交渉に任されてい
る。

2 マーケットデータ

　さて、以上2つのセクターの協約の内容を確認したが、いずれの協約で
あっても、協約内において、職種別賃率が厳格に設定されているわけでは

なかった。もっとも、ホワイトカラーには、経営者団体と組合が共同で作成していた職務別賃金統計がかつて存在しており、それが事実上職務の賃率を定めていた。これは、BNTシステムと呼ばれていた。あくまで統計であり、企業における交渉の参考として作られていたものであるが、実態としては企業における賃金額の決定に少なくない影響を及ぼしていた。その結果、仕事別の賃金相場がこの統計によって提供され、企業、および組合双方は、このデータに基づいて賃金交渉を行っていた（櫻井2001）。BNTの歴史を簡単に触れておくと、1969年にSAF（経営者団体）、SIF（スウェーデン産業事務職・技術組合）[36]、SALF（旧職長組合）の3組織の同意の下、賃金水準の調査、統計化が開始された。その後、HTF（商業労働組合）やCF（旧大卒技術者組合）、SFO（官庁労働組合）なども参加し、1988年まで統計の整備を行っていた（日本労働研究機構・連合総研1994）。

BNTシステムは、次のようなものであった。まず、仕事を管理業務、生産管理、研究開発、人事など10の職業グループに大きく分類し、それらをさらに細かく51の仕事別グループに分類していた。その上で、業務遂行に必要な知識、経験、創造性や、管理の責任、財務的責任、交渉力などに基づき、仕事別グループは、仕事の難易度に基づき7つのレベルが設けられていた。このような基準で、ホワイトカラーの仕事は、285の仕事タイプに分けられていた（櫻井2001）[37]。もっとも、この統計自体は、1988年を最後に策定されていない。櫻井達が2000年に実施したVI（機械工業経営者連盟）へのヒアリングによると、参考資料として使われるべきものが、意図せざる結果として、職務の賃率として見なされていたことが、経営側が統計作成に応じなくなった理由として挙げられている[38]。

このように、協約において職種別賃率が決められていたわけではないが、一定の基準がかつては存在していた。いずれにせよここで重要なことは、職務の賃率に関する具体的な額は、協約で明記するのではなく、あくまでマーケットデータに基づいて、個別企業の労使交渉で決定すべきであると考えられていることである。そのため、労働者の月例給が職務に基づいて決まっていると言っても、その具体的な額は、個別企業の労使交渉で決定されることになる。

なお、Unionenは、現在も独自で作成した各職務のマーケットデータを
ホームページ上で公表している。Unionenの交渉部によると、ホームページ
上で各職務のトップとボトムの月給額を公表することで、各労働者が自分
の現在の賃金の妥当性を判断する根拠のひとつを提供しているのだという。
また、スウェーデン統計局が出す統計データも参照することを勧めてもい
る。もっとも、大手の企業では、マーサ、タワーズペリン、ヘイなどの民
間人材コンサル会社が持っているマーケットデータが参照されることが多
いという。この点は、後述するSK社の賃金交渉の際に改めて触れたい。
　Unionenが公表している職務ごとの月給レンジのデータは**図表3-9**の通り
である。公表されている職務は、全部で100個ある。その細かさであるが、
サービスエンジニア（テクニシャン）やHRスペシャリストといった具合
で、大まかな職務の定義となっており、細部まで定義した職務データが公表
されているわけではない。また、それぞれの職務について、プラスの要素、
マイナスの要素といった具合で、賃金が高くなる要素と低くなる要素が示
されている。この要素自体は、他の職務でもほぼ同様の内容となっている。
おおむね、当該職務の市場での需給状況、仕事経験の有無が賃金の高低に影
響を及ぼすとともに、個人的な態度や担当している役割、勤め先の業界の隆
盛なども影響を及ぼす要素として考えられている。Unionenの特徴は、こう
したデータをホームページ上で公開することで、誰もが参照できるように
しているところにある[39]。そのため、非組合員であっても、自身の賃金が、
現状の相場で見たときに妥当性のあるものなのかについて、確認できるよう
になっている。特に「クラブ」を持たないような職場においては、Unionen
の地域の「交渉人」は、こうしたマーケットデータをきちんと確認するこ
とを組合員に勧めているという。

第3章　スウェーデン―企業内の労使交渉を重視した労使関係―

図表3-9　Unionen作成の賃金データの例

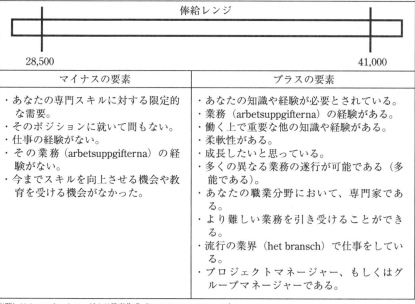

出所）Unionenホームページより筆者作成（https://www.unionen.se/）。

3 個別企業における賃金交渉

（1）賃金交渉形態の歴史

　ホワイトカラーの賃金交渉の特徴も簡単に確認しておこう。ホワイトカラーもブルーカラーと同様にかつては中央レベル、産業レベル、個別企業で賃金交渉が実施されていた。かつては、Unionenの前身組織のひとつであるSIF（スウェーデン産業事務職・技術組合[40]）や他のホワイトカラーの組合がPTKと呼ばれる交渉カルテルを設立し、PTKと経営者団体であるSAF

167

が賃金交渉を実施していた（Kjellberg1992）。こうした流れが1980年代後半より個別の産業レベルを重視する方向に転換されていく。80年代後半よりカルテルから逸脱する産業が出始め、1991年にSAFが団体交渉カルテルとの交渉を放棄したことを契機に、団体交渉は各産業レベルへと分権化していくことになる（櫻井2001）。

　ただし、2000年に入り、SIFや商業労働組合（HTF）を1つにまとめたUnionenの誕生など、産業別組合自体が産業横断的な組織として再編される動きもでており、ホワイトカラー内における産業横断的な調整活動は依然として維持されていると見ることもできよう。もっとも、産業別協約における賃金に関する規定が、職種別賃率というよりは事業所の労働者の平均賃上げ率である以上、賃金決定の実際を知るためには、個別企業における賃金決定を確認していく必要がある。以下で簡単に確認しよう。

（2）製造企業（SK社）の場合

　大手企業になるとUnionenが公表しているマーケットデータは、自社の職務を正確に定義するものではなく、また、社内にはより多くの職務があるため使い勝手が悪いものとなる。そのため、例えばSK社ホワイトカラーの「クラブ」は、Unionenのマーケットデータを参考にすることはないという。各職務の賃金は、マーサのマーケットデータを用いているという。ヘイなどの他社ではなく、マーサにしている理由は、人材獲得時に競合となる会社（例えばボルボ）の多くがマーサを使用しているからである。このように、人材確保上の視点から、人事コンサル会社が作成するマーケットデータが用いられている。SK社のイエテボリ事業所における賃金交渉は、以下のような流れで進められている。

　ア　賃上げ率の交渉および特定の職務に対する重点的な賃上げに関する交渉
　　経営側とSK社ホワイトカラーの「クラブ」は、まず、当該年度の賃上げ率について交渉する。例えば、産業別協約で1.8%となっている場合、その上乗せ分について交渉するという。その他、特定の職務に対して重点的に賃上げを行うのか否かについても交渉が行われる。この場合、マー

ケットで見た場合の賃金水準と比較した際に、競合他社に対してその水準が低くなっている職務や、社内の他の職務とのバランスを考えたときに低すぎると考えられる職務などが対象となるという。

イ　昇給テーブルの賃上げ率の決定

　図表3-10は、SK社の賃金テーブルのイメージである。縦軸に労働者の1年間のパフォーマンスを、横軸に当該職務の市場相場と現在の賃金水準の差をとり、それら2つの基準に基づいて、昇給率が決まるような賃金表となっている。パフォーマンスが高い場合や市場相場に比べて賃金水準が低い場合は、高い昇給率になるような制度設計となっている。逆に、パフォーマンスが低い場合や市場相場に対して賃金水準が高い場合は、低い昇給率となる。各セルにおける賃上げ率は人事部が目安を示しているものの、実際の昇給率は年々の賃金交渉を通じて決定される。このように、制度によって事前に決められているのではなく、年々の労使交渉を通じて昇給率は決められている。

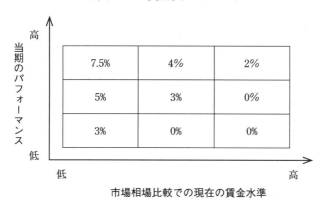

図表3-10　賃金表のイメージ

注1）パーセントは架空のもので、実際の率ではない。
注2）セルの数は実際の数とは異なっている。実際は図表より多くのセルで構成されている。
出所）SK社ホワイトカラーの「クラブ」への聞き取りに基づき筆者作成。

ウ 上司と部下による評価の決定

　そのため、個々人の賃上げ額は、「前年度の賃金×その年の賃上げ率」となる。賃上げ率は、市場相場における現在の賃金水準と当該年度の人事評価によって決まるので、上司が部下に対してどのような評価を下すかは重要な要素のひとつとなる。まず、上司と部下の二者間で面談が行われる。組合員は、上司の評価に納得できなければ、「クラブ」にその旨を伝える。その場合、クラブは、解決に向けて動くことになる。組合は、上司に評価理由を尋ねるとともに、同僚との評価結果の比較なども行い、上司の評価の妥当性について検討する。

　ところで、評価の決定の際には、「**イ** 昇給テーブルの賃上げ率の決定」で合意されている昇給率については公表されない。あくまで、目標の達成度合に対する評価のみ行われている。すべての評価が出揃ったら、各人の昇給額を算出し、「**ア** 賃上げ率の交渉および特定の職務に対する重点的な賃上げに関する交渉」において合意された平均賃上げ率の水準に達しているかが確認される。もし、合意された賃上げ率を上回っていた場合、合意した賃上げ率に合うように「**イ** 昇給テーブルの賃上げ率の決定」に関して再度交渉し各セルの賃上げ率を変更するのか、それとも、現状のままで各人の昇給率を決定するのかについて、労使の間で交渉が行われる。通常、上回った場合は、そのまま認められることが多いという。

　以上のようなやり取りを経て各人の賃上げ率が決まれば、「前年度の月給×賃上げ率」で各人の賃上げ額が決定する。このように、事前に決められた賃上げ率に基づいて分配が実施されるというよりは、賃上げ率の決定と分配が分かち難く結びつきつつ賃金交渉が実施されている。まず、賃上げ率が決められた上で、その範囲内で分配が行われるような形には必ずしもなっていないことがここでの特徴である。人事評価の結果によっては、さらなる賃上げ率の上乗せが実現することもあるのである。組合は、単に評価の公正性をモニタリングする以上の機能を評価決定の過程で発揮していると言えよう。

第3章　スウェーデン―企業内の労使交渉を重視した労使関係―

（3）小売企業（SH社）の場合

　さて、同じホワイトカラーでも業種が変わるとどうなるのであろうか。この点について、簡単に確認しておこう。SH社はグローバルに事業を展開するファッションブランドである。SH社のストックホルム地域における賃金交渉についてここでは紹介しておきたい。結論から先に言うと基本的には、賃金は上司と部下の個別交渉で決まっている。SH社ホワイトカラーの「クラブ」は、会社の評価制度の内容を知らされておらず、賃金表がどのように形成されているのかについて把握していない。そのため、あくまで上司と部下の間で合意に達しなかった場合のみ「クラブ」は、その評価の妥当性についてのチェックを行う。

　上司と部下の間で当該年度の昇給額が合意された後、組合員全員の平均賃上げ率が、産業別協約の規定する水準に達しているかどうかについて、労使間で確認される。そこで、産業別協約の規定を下回っていなければ、当該年度の労働者の昇給額が決定する。このように、先のSK社のような賃上げ率を巡る交渉や、賃金表に基づいて算出された賃上げ率が最初の合意を上回った場合の再交渉などは実施されていない。SH社ホワイトカラーの「クラブ」によると、会社は自社の人事制度の公開を拒むのだという。このように、組合側が賃金交渉に必要だと思われる情報を会社側から得ている程度は、企業ごとに異なっている。

４　「クラブ」間の交渉力の差

　以上から分かるように、民間のブルーカラーと同様、民間ホワイトカラーにおいても個別企業内での労使交渉が、賃金決定において重要なステージとなっている。一方、ブルーカラーの機械・金属産業の事例では浮かび上がってこなかった事実として、産業間における職場の組合組織間における交渉力の差の存在を挙げることができる。製造企業であるSK社と小売業であるSH社では、「クラブ」が会社から得ていた情報に幾分差が生じていた。SH社ホワイトカラーの「クラブ」は、SK社ホワイトカラーの「クラブ」に比べると、会社から人事制度に関する情報を得ることができていない。結果、賃金表をどのように書き換えるのか、といった交渉を実施する

171

ことができていない。職場での上司部下によってなされる個別決定に対する
苦情処理機関としての機能が、個々人の賃金決定におけるSH社ホワイトカ
ラーの「クラブ」が果たしている機能と言える。

　スウェーデンでは共同決定法において、使用者に「組合員にとって重要
な変更となる事柄に関する情報を組合に提供する」義務が課せられている。
しかし、「重要な変更」に関する具体的な取り決めは法律の文言上で明確に
なっているわけではない。そのため、法律上の規定を職場でどう解釈し、運
用するのかについては、当該職場における労使の力関係や信頼関係によって
決まる部分が少なからずある。この点、SH社ホワイトカラーの「クラ
ブ」の組織率は20％程度であるのに対して、SK社のそれは一般社員層に限
定すれば9割近くに上っている。こうした組織率を背景とした交渉力の担保
は、職場労使関係を充実させる上でのキーファクターとなっている。「クラ
ブ」間に見られる交渉力の差は、単に企業内に組合組織を作れば終わりでは
なく、そこからいかにして当該組織に発言力を確保させ、企業内における労
使関係の充実を図るのかという課題を我々に改めて気付かせてくれる。SH
社ホワイトカラーの「クラブ」は、この点にかかわり組織化への取り組み
を進めている。その数値自体は20％でありSK社のそれと比べると低いが、3
年前は数パーセントであったという。ごく当然のことと言えば当然のこと
であるが、SH社ホワイトカラーの「クラブ」の言葉を借りると「組織率は、
会社の組合に対する態度に影響を及ぼす重要な要素」なのである。

第6節　組合の交渉力担保にかかわる取り組み（労使当事者の労働移動への関与）

1 交渉力の維持・向上の上で重要な要素

　さて、労働者の集団的代表組織の交渉力に依拠した労使関係という前提に
立つと、この国において実効性のある労働条件の集団的取引を実現・維持し
ていくためには、交渉力の維持が殊更重要になってくることが分かる。その
ために重要なこととして、①組合組織内部の充実、すなわち、数と質の充実

と②個々の組合員のルールからの逸脱の防止、すなわち、個々の労働者が自身の労働力を安く売ることの防止の2つを挙げることができよう。前者にかかわることとしては、組織化を通じた組織率の向上や優秀な次世代ユニオンリーダーの育成などが挙げられる。これらの点についての詳細は他日を期して論じたい。**本章第3節**で指摘したように、IF-Metallが産業別協約においてあえて詳細な規定を設けないことは、質の面での取り組みのひとつと言える[41]。本章で注目したいのは、後者の点にかかわる組合員の失業対策についてである。スウェーデンは伝統的に労働移動を通じて失業対策を実施してきたと言われている。通常これらは包摂社会の文脈で公的部門が供給するサービスに関心が注がれてきた。しかし、スウェーデンではそうした公的サービスを受ける前に、労使が自主的に実施している労働移動を通じた失業対策が存在している。この点について本節では簡単に確認しておきたい。

　スウェーデンには、公的機関である公共職業紹介所（Arbets Förmedlingen：以下AF）以外に、労使当事者が提供する再就職支援サービスがある。スウェーデンでは職種や雇用主に応じて団体が設けられており、団体ごとに再就職支援サービスが展開されている。2015年時点で13団体あり、約300万人の従業員をカバーしている[42]。そのうち、カバーしている従業員の規模が大きい上位3つは、地方公務員を対象とした「移動基金（Omställningsfonden）」（約110万人）、民間ブルーカラーを対象とした「TSL（Trygghetsfonden）」（約90万人）、民間ホワイトカラーを対象とした「TRR（Trygghetsrådet）」（約85万人）である。民間ホワイトカラーを対象としたTRRは、1970年代に開始されており、最も古い取り組みとされている。その背景であるが、民間企業においてブルーカラーの組合が独自に企業側と合意していた再就職支援をホワイトカラーも受けることができるようにするためであったという。また、Andreas & Bergström（2006）によると、ホワイトカラーにおいては、公共職業訓練の効果がブルーカラーに比べると低かったことも、こうした仕組みの創設を促した要因のようである。以下では、主に民間ブルーカラーを対象としたTSLによって展開されているサービス（以下TSLシステム）を中心に紹介する。

2 TSL システムの概要

　民間ブルーカラーを対象としたTSLシステムは、2004年から開始されている。その背景には、公的部門によって実施されていた職業紹介サービス、職業訓練、失業時の所得保障などの失業者支援サービスの縮小がある[43]。そのような状況下において、TSLは、働く側に対する雇用維持と企業側に対する素早い構造転換の同時実現を目指すために設立された。TSLは、ブルーカラーのナショナルセンターであるLOと経営側のナショナルセンターであるSNが共同で管理している機関であり、運営費用はSNが負担している。約90万の組合員と約10万の企業をカバーしている[44]。TSLは、組合と労働協約を締結している企業のみが利用できるサービスとなっている。具体的には、産業別協約を締結している経営者団体に加盟している企業、および、経営者団体には加盟していないが、産業別組合と直接「ローカルの協約（HängAvtal）」を締結している企業が、サービス提供の対象企業となる。加えて、無期雇用が対象であり、有期雇用は対象とならない。無期雇用の組合員を主たる対象としたサービスと言え、この点は、すべての労働者を対象としてサービスが提供されるAFとは、やや異なっている点と言える[45]。

　図表3-11は、TSL、サプライヤー企業、整理解雇対象者（クライアント）の関係を示したものである。2016年時点においては、TSLは、それ自体が何か具体的な再就職支援サービスを提供する機関ではない。TSLが行っているのは事業運営に必要な資金の管理、および実際に再就職支援サービスを提供するサプライヤーの管理である。つまり、実際の支援は、TSLに登録しているサプライヤー企業（以下SP）が行っている。整理解雇の対象となった者に対して実際のサービスを提供するのは、TSLではない。1つの整理解雇当たり1つのSPが担当することになっている。サービスを提供するSPは、支援する人数1人当たり22,000SEK（クローナ）を受け取ることになっている。例えば10人を整理解雇した企業を担当する場合、220,000（22,000×10人）SEKを受け取ることになる。

第3章　スウェーデン―企業内の労使交渉を重視した労使関係―

図表3-11　TSL・サプライヤー企業・クライアントの関係

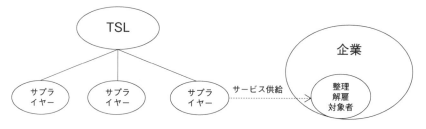

出所）西村（2017）より転載。

図表3-12　サプライヤー（SP）のシェア（%）

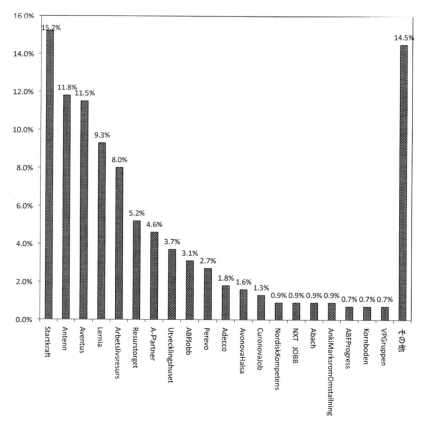

出所）西村（2017）より転載。

175

TSLに登録しているSPであるが、グローバル企業から地元企業まで数多くある[46]。2015年時点で、100程度の企業がSPとしてTSLに登録されている。**図表3-12**は、2014年9月から2015年8月までのSPのシェアを示したものである。これを見ると、20のSPが、全体の85%程度の案件を担当している。なお、TSLの認可を受けていないSPは、サービスを提供することはできない。また、TSLは、一度認可したSPの認可を取り消すこともできる。再就職成功率が60%に満たない場合、当該SPは、認可取り消しの対象となる。

　さて、TSLシステムの大きな流れをごく単純化して示すと、**図表3-13**の通りとなる。①整理解雇を実施した企業の労使は、案件を担当するSPを選択する。そして、②選ばれたSPは、整理解雇の対象者のうちTSL利用資格のある者を対象に、その利用の希望について確認する。TSL利用資格者であるが、第一に、無期雇用である必要がある。第二に、当該企業で1年以上継続して雇用されている必要がある。第三に、週16時間以上勤務している必要がある。この要件をクリアした資格者のうち、TSL利用を希望した者は、SPのクライアントとなり、再就職に向けたサービスを受けることになる（**図表3-13**におけるWA→C）。ここで、TSLを利用せず、自ら職を探すことを選択することもできる（**図表3-13**におけるWA4がそれに該当する）。③こうしてサービス提供を受けるクライアントが決まれば、解雇の予告期間中から再就職に向けた活動が開始される。SPがクライアントに対してサービスを提供する期間は、クライアントの予告期間プラス雇用が終了した日から1年間である。これは、TSLとSPが取り交わした契約書の中で決められている。例えば予告期間が3ヵ月の者は、1年3ヵ月がサービス提供期間となる。予告期間が6ヵ月の者は、1年6ヵ月となる。その後、④SPのサービス提供期間中に次の職場を見つけることができなかったクライアントは、公共職業紹介所や労働市場プログラムなどへの参加を通じて、再就職を目指す。以下でやや詳しくその流れを確認しよう。

図表3-13 TSLによる再就職支援の流れ

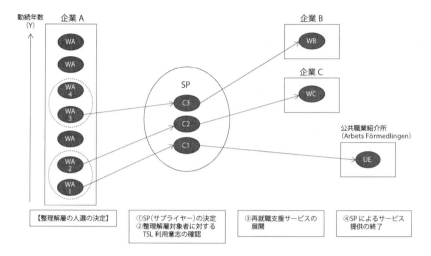

注）WA＝企業Aの労働者／SP＝サプライヤー企業／C＝クライアント（予告期間・失業中を含む）／WB＝企業Bの労働者／WC＝企業Cの労働者／UE＝TSLで職を見つけることができなかった失業者
出所）西村（2017）より転載。

3 労働移動までの流れ

（1） SP（サプライヤー企業）の決定

まず、経済的理由による整理解雇を実施した企業の労使は、担当するSPを選ぶ。通常、労使双方、もしくは、労使のどちらかが、利用したいSPを選び、TSLに申請する。一般的には、既にTSLに登録されている企業を選ぶが、登録されていない企業が申請されることもある。その場合、TSLは、申請された企業を審査する。審査に通れば、申請されたSPはサービスを提供することができるが、もし、不適当だと見なされ認可が下りなければ、申請されたSPは案件を担当することはできない。

大手企業になると、複数のSPを呼び、サービスの内容や達成目標に関するプレゼンを行わせるコンペ方式を取り入れているところもある。コンペでは、再就職に結びつけるためにどのような取り組みを実施するのか、どの程度の成功率を約束するのかなどが、呼ばれたSPから提示され、その中から案件を依頼するSPが選択される。

177

SPとしてはできるだけ多くの案件をとるために、企業や組合とのコネクションを確立する必要がある。例えば大手のSPでは、定期的に企業や組合を訪問し、関係の構築および関係維持のための営業活動が行われている。もっとも、こうした関係構築の努力が行き過ぎた形になっていることは、TSLが抱える問題のひとつとなっている。

(2) 整理解雇対象者に対するサービス利用の意思確認

担当するSPが決まると、SPは、整理解雇の対象となった労働者に対して、サービス利用の意思確認を行う。SPにとってはより多くの者に参加してもらった方が、より多くの報酬を得ることができるので、SPは、できる限りサービスを利用してもらうよう整理解雇対象者を説得する。とはいえ、この時点で、縁故で次の職場が見つかりかけている者や、独立に向けて動き始めている者もおり、そのような者達は、サービスの利用を選択しないという。整理解雇対象者の意思確認は、担当するSPが決まった後、おおむね1ヵ月程度の間で実施される。

(3) 再就職支援サービスの展開

以上のような手続きを通じて、担当するSPとサービス利用者（クライアント）が決まる。クライアントに対して提供されるサービスの内容であるが、SPが行うのは主にコーチングとマッチングである。実際の訓練を提供しているわけではない。SPの大手のひとつであるSPA社は、案件ごとに担当者を任命し、その担当者が責任を持ってクライアントの面倒を見ていく方法を取っている。

SPの仕事であるが、まず、クライアントの持っているスキルや経験などを確認する（validation）。それを基に、どういった職業に就くことが可能なのか等を判断する。クライアントは、自分にはどのようなスキルがあり、そしてそのスキルは労働市場においてどのような価値を持っているのかについて、よく把握していない場合が多いという。また、「会社を立ち上げたい」など現実的に物事を考えていないクライアントもいる。そうしたクライアントに対して、今現在の労働市場におけるクライアントの正確な価値

を伝え、より現実的な視点で再就職先を探すように促すことは、SPの大切な役割となっている。また、もし、クライアント本人に希望する職があるのならば、SPの担当者は、それに必要な教育等を判断し、受けるべき教育を本人に提案することもある。

さて、本人のスキルの棚卸しとともに、SPにとって重要なことは、マッチングを成立させることである。もっとも、SPの大手であるSPA社やSPB社へのヒアリングによると[47]、SPが企業とクライアントを直接結びつけることは、無いことはないが、主たる方法ではないという。そうではなく、合同の面接会のようなものを開催するなど、企業とクライアントのマッチングの場を設けることが主たる方法となっている。

そのため、SPにとって重要なことは、マッチングの場により多くの求人企業を集めることにある。例えばSPA社では、①これまでに案件を担当したことがある企業、②担当する企業がある地域の産業別組合の地域支部、③新聞広告などから情報を収集し、採用意思のある企業を集めることに努めるという。特に、①これまでに案件を担当したことがある企業と②担当する企業がある地域の産業別組合の地域支部が重要であるという。例えば、SPA社の場合、毎年多くの案件を担当するトップSPのひとつであることもあり、案件を担当したことがある企業は膨大な数となっている。それらの企業に、「今度、こういう企業でこうこうこういう人材が整理解雇される（た）んだけれども、興味ある？」といった具合で電話をかけ、合同面接会への参加を呼びかけている。加えて、産業別組合の地域支部も重要な情報源となっている。地域支部は、団体交渉や職場の安全衛生に関する視察などで、地域にある多くの企業に訪問している。それらの訪問先で人を雇いたいと言っていた企業の情報があれば教えてもらい、合同の面接会への参加を呼びかけたりもしている。

このように、SPは、就職に結びつく可能性の高い企業を探し出し、クライアントがより早期に次の職場に移っていくための手助けを行っている。機械・金属産業における代表的企業であるSK社ブルーカラーの「クラブ」によると、優良SPの情報収集能力は高く、例えば、SK社で整理解雇を実施した際には、約100人のクライアントに対して、500程度の仕事がオファーされた

179

という。一方で、SPA社によると、SK社のような大手出身であれば引く手あまたであり、実績を高めていくためには、そうした大手企業の案件のような再就職に結びつきやすい案件を一定以上確保していくことが重要だという。

（4）SPによるサービス提供の終了

以上のような方法で再就職に向けた取り組みが実施されている。ところで、このサービスを受けたクライアントは、どの程度のスピードで次の職場を見つけているのであろうか。また、どの程度の者が、このサービスを受けても次の職場が見つからず、AFで求職活動を継続する、もしくは、労働市場プログラムに流れていくのであろうか。この点について確認しよう。図表3-14は、サービス利用者の結果について示したものである。ここから分かる通り、TSLシステム参加者のうち、7割弱から8割程度がTSLを通じて次の職を見つけている。残りのうち、労働市場プログラム参加者と求職者を取り出したのが、図表3-15である。図表3-15から分かる通り、TSLを利用したクライアントのうち、サービス提供後に、求職中、もしくは労働市場プログラムに参加した者は、6％程度から14％程度となっている。これらのデータから、おおよそ8割程度のクライアントは、TSLを通じて次の職場に移っていることが分かる。

サービス提供期間は、通常、雇用終了から1年間となっている。そのため、制度上はサービス提供期間の最長は、1年6ヵ月となる。SPによるサービス提供期間が終了すると、再就職支援の中心はAFに移っていくことになる。もっとも、こうしたルートを辿る者は、少数派であることが上で紹介した各種のデータから確認できたと思われる。加えて、SPA社やSPB社へのヒアリングによると、TSLで定められた契約期間を超えても、クライアントが次の職場を見つけるまで、無償でサービス提供を継続するという。この点は、SP自身が自主的な取り組みとして実施している。その理由として、両社は、そうした取り組みが自社のよい評判へと繋がり、その結果、より多くの案件を確保することに繋がっていくからだという。

第3章 スウェーデン―企業内の労使交渉を重視した労使関係―

図表3-14 サービス提供終了後のTSL参加者の状況

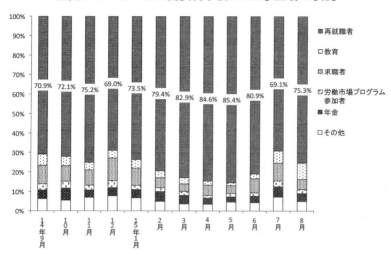

出所）西村（2017）より転載。

図表3-15　TSLサービス提供後におけるTSL参加者のうち
労働市場プログラム参加者および求職者の比率

(単位：％)

	2014年9月	10月	11月	12月	2015年1月	2月	3月	4月	5月	6月	7月	8月
労働市場プログラム参加者	3.3	3.6	2.5	3.6	2.2	2.0	2.0	1.4	1.8	1.7	3.0	2.1
求職者	9.4	7.9	7.9	11.6	8.8	5.1	3.9	5.2	4.0	7.2	9.1	5.2

出所）西村（2017）より転載。

4　移動先を見つけるまでの期間と移動先の特徴

(1) 期間

では、職を見つけたクライアントは、どの程度の期間で次の職場に移っているのであろうか。TSL（2016）によると、90日以内に3割弱のクライアントが、180日以内に5割程度のクライアントが、そして、1年以内に8割程度のクライアントが、次の職場を見つけている。このように、TSLを利

用した者の8割程度は、1年以内に次の職場に移っている。

　ただし、産業ごとに成功率には差があるようで、産業別組合ごとの再就職率を見てみると、例えば、IF-Metallでは8割弱が1年以内に次の職場に移っている一方で、製紙産業組合では1年以内に次の職場に移っている者は3割に満たない。この点について、LO傘下でTSLの対象となる13の産業別組合について、90日以内、180日以内、1年以内の再就職成功率をまとめたのが**図表3-16**である。**図表3-16**から、第一に、いかなる産業の出身者であっても、サービス開始から90日以内で次の職場に移ることに成功するのは稀であることが分かる。13組合のうち、再就職率40%未満の組合が11組合となっている。第二に、180日、つまり、半年以内となると、多くの産業において、TSL参加者は次の職場に移ることに成功しているようである。13組合のうち、再就職率50%以上の組合が8組合となっている。第三に、1年以内には、大よそ全ての産業において、TSL参加者の6割以上が次の職場に移ることができている。加えて、13組合のうち、8組合が80%以上となっている。その一方で、40%未満は1組合しかない。これらの点を踏まえると、TSLシステムは、産業によらず次の再就職先を1年以内には発見することに寄与していると言えよう[48]。

図表3-16　TSL参加者の再就職率とその期間（産業別組合数）

	90日以内	180日以内	1年以内
90%以上	0	0	3
80%以上90%未満	0	0	5
70%以上80%未満	0	1	2
60%以上70%未満	0	4	2
50%以上60%未満	0	3	0
40%以上50%未満	2	3	0
40%未満	11	2	1

出所）TSL（2016）より筆者作成。

（2）移動先の特徴

　そして、その移動先を示したものが、**図表3-17**である。TSLは、民間ブルーカラーを対象としたものなので、基本的にはサービス利用者は、民間内での移動となっていることが分かる。また、地理的な移動であるが、TSL

第3章 スウェーデン―企業内の労使交渉を重視した労使関係―

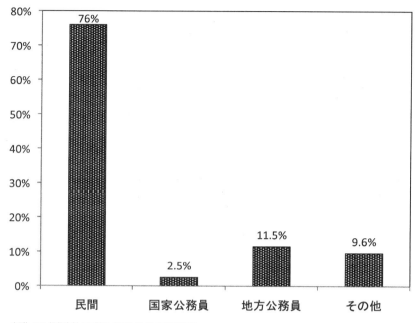

図表3-17　サービス利用者の移動先

出所）TSL提供資料より引用（2015年12月実施調査）。

へのヒアリングによると、転居を伴う移動を実施した者は全体の2.8%となっている。このことから、移動は、基本的には同じ地域内で実施されていると言える。

(3) 移動先の処遇[49]

　TSLの最後に移動先の処遇についても簡単に確認しておこう。まず、前職に比べて、賃金が同等、もしくは高くなった者は、59%である。4割程度は賃金が下がっている。転職先の地位であるが、前職よりもレベルの高い仕事（より高い知識や技術を要する職〔More Qualified〕）に就けた者は24%、同等のレベルは51.5%、低いレベルは17%となっている[50]。この点から、確かに処遇が下がっている者はいるものの、その多くが前職と同じもしくは高い仕事に就けている傾向を読み取ることができよう。

183

5 民間ホワイトカラーを対象とした TRR システム

(1) TSL との違い

　以上、TSLについて確認してきた。本節の最後に民間ホワイトカラーを対象としたTRRについて簡単に紹介しておく。TRRの概要は既に山田（2016、2017）において紹介されている。TRRの運営は労使双方で管理している団体であり、その費用は経営側によって賄われている（山田2016、2017）ここでは、TSLとの違いを簡単に指摘しておきたい。まず、開始時期はTSLより古い。TRRは1974年に開始されている一方で、TSLは2004年となっている。このことから、伝統的に民間ホワイトカラーは、労使による自主的な労働移動サービスを通じて雇用の維持に努めてきたことが窺われる。繰り返しになるが、Andreas & Bergström（2006）では、ホワイトカラーにおいては、公共職業訓練の効果がブルーカラーに比べると低いことが指摘されている。実際、民間ホワイトカラーを組織しているUnionenも、公的なサービスは、民間ホワイトカラー用というよりは、ブルーカラーよりの制度になっており、TRRのサービスは、組合員の雇用を維持していく上で重要であると述べていた。

　次に、TRRはクライアントの再就職支援を担当する独自のアドバイザーを持っている。この点、実際のサービスについてはサプライヤー企業に任せているTSLとは異なっている。アドバイザーの経歴であるが、管理職経験のある者が多いという。人事部門の管理職や自営業者だった者などが、アドバイザーとして雇われている。また、サービスの提供期間であるが、予告期間プラス雇用の終了日から2年間となっており、TSLよりも長くなっている。最後に提供するサービスの違いとして、TSLとは異なり、TRRは独自で、外部から訓練プログラムを購入し、クライアントに提供することができる。この機能はTSLとしても持ちたいと考えており、2017年の秋より訓練購入機能を持たせるべく、制度改革に取り組んでいる最中であるという。

(2) 結果[51]

　TRRは、1974年の設立以降2016年までに約50万人の整理解雇者（redundant）の再就職を支援してきている。以下、TRRを利用した結果につ

いて、TRR提供資料より確認していこう。第一に、再就職までの期間であるが、2年以内で9割のサービス利用者が新たな職を見つけている。おおむね6ヵ月から7ヵ月で新たな職を見つけている。中には予告期間中に次の職場を見つける者もいるという。この場合、事実上失業せずに移動していることになる。とはいえ、50歳以上や健康に難を抱えている者は、次の職を見つけるまでの期間が、そうではない者に比べると、長くなる傾向にあるという。

第二に、前職と比べた時のポジションや賃金であるが、まず、9割が前職と同様のポジションか高いポジションの職を見つけている。また、7割程度が前職と同等、もしくは、高い賃金を得ている。職を見つけるために大幅に条件を譲歩している者は、それほど多くないことがこの点から窺われる。第三に、自営業者になるための支援も実施している。労働者としてのキャリアを継続する者と自営業者になる者の比率は残念ながら分からないが、自営を選択した者のうち、8割が3年後も同じビジネスを継続している。3年後に事業継続を断念した者は、0.3%程度となっている。また、9割が自営業者としての生活に幸せを感じている。なお、7割のクライアントが、労働者時代に従事していたビジネスエリアと同様の仕事を行っている。

以上のように、民間ホワイトカラーにおいても労使の自主的な再就職支援の取り組みが、労働者の労働移動を通じた雇用維持において小さくない役割を果たしている。そして、そのサービスは期間・内容ともブルーカラーのそれよりも手厚いと言える。いずれにせよ、ブルーカラーとホワイトカラー双方に、先に紹介したような賃金決定の背後には、こうした労使による自主的な雇用維持にかかわる取り組みが存在している。

第7節 おわりに

さて本章では、賃金決定のルールを中心に議論を進めてきた。最後に、本章の事例から明らかになった事柄をまとめておきたい。

①　産業別協約の規定が例外なく適用されるのは、スウェーデン全体で

8%、民間部門においても 13% 程度となっている。このことから、多くの企業において、何らかの交渉が実施され、産業別協約の内容が変更されていることが分かる。

② 加えて、産業別協約において、賃金について、それほど厳格な規定が置かれているわけではない。誤解を恐れずに言えば、むしろ非常にラフな規定しか置かれていないと言える。IF-Metall のエンジニアリングセンターにおいて月給の最低賃金が2つしかないこと、そして現在では、その2つの区分けすら意味のないものとなっていることは、このことをよく表していると思われる。

③ 産業別協約は、個別の職種の賃率を詳細に決めているのではなく、傘下の企業における平均賃上げ率の下限を設定している。とはいえ、企業規模の大小にかかわらず、産業別協約が定める賃上げ率の下限は、遵守される。小規模企業においても、その逸脱は認められない。このことから、賃金相場形成力は、かなり強いと言える。

④ 個別企業における特徴として、各社各様の賃金制度の下で、賃金交渉が展開されている。共通の資格等級の下で、職務が格付けされ賃金が決まるような姿にはなっていない。

⑤ 加えて、査定の運用においても、組合が交渉当事者としての地位を維持している。評価が公正かどうかをモニタリングする以上の機能を発揮している。例えば、SV社のブルーカラーにおいて、評価点の決定やそれに基づいた昇給額の決定が、組合との交渉を通じて行われている。

⑥ 同様に、規模が小さく、明確な制度が無かったとしても、経営側は、自身が実施した評価に基づいて、自由に賃金を決めることができるわけではない。その決定過程において、地域支部の「交渉人」が参加し、時には経営側が提示するよりも高い昇給額を得るために、経営側と交渉を行っている。それと同時に、時には組合員が主張するよりも低い昇給額を提案し、経営側と組合員の間の仲を取り持っている。

⑦ IF-Metall は、産業別協約において賃金について詳細な規定を設ける必要はないと考えている。むしろ、個々の組合員により近い場に賃金決定の要所を置こうとしている。このように、産業レベルより、個別企

業を賃金決定の主要なステージにすることについては、組合もそれを望んでいる。

⑧　ホワイトカラーにおいても賃金交渉が実施されていた。SK社ホワイトカラーの「クラブ」は、賃上げ率や年々の賃金テーブル（昇給率表）の決定に関与するとともに、組合員が受ける個人査定の妥当性についてチェックする機能を有していた。

⑨　その一方で、「クラブ」間において交渉力に差が生じていることも明らかとなった。小売セクターの代表企業であるSH社ホワイトカラーの「クラブ」は、評価に納得できない組合員への支援を実施してはいるものの、賃上げ率の上乗せ交渉を実施することができていないことに加えて、自社の評価制度の情報や賃金テーブルの情報を会社から得ることもできていない。SK社の例と比べると、ややその発言力・交渉力は乏しいと言える。

⑩　こうした賃金決定の特徴を持つ背後には、ブルーカラーおよびホワイトカラー双方において、労働移動を通じた雇用維持を実現させるための労使による自主的な取り組みが存在していた。

　以上のように、職種別賃率について産業別協約はそれほど詳細な規定を設けているわけではなく、事業所全体の平均賃上げ率の下限に関する厳格な産業別協約の規定の下、個別企業内で展開される労使関係によって、賃金は決まっている。つまり、個々人の実際の賃金を決めている主要なステージは、企業にある。その意味で、個別企業内の労働者側の発言力に支えられた労使関係を構築していると言える。そして、事例より明らかになった通り、企業内で組合は強い交渉力を発揮している。そのため、個々人の昇給額の高低は、企業内の組合の交渉力によって決まる部分が大きいと言える。この点にかかわり、本章で明らかになったことは、何をどの程度交渉できるかについては、各企業内に組織されている「クラブ」の交渉力により差が生じていることである。このように、「クラブ」間の交渉力の差の存在は、産業別協約があれば、自動的に職場において強力な交渉力を労働者側が発揮できるわけではないことを物語っていると言える。したがって、企業内における組合

187

の発言力の維持・向上がこの国の労使関係にとって殊更重要なものになってくると考えられる。

　このように考えると、組合が、企業規模の大小によらずに一定の交渉力を維持し、企業内において労働者の代表組織として機能することが可能となるような仕組みが必要となる。本章の記述より、この点にかかわる特徴として、①充実した産業別組合の地域組織の存在、②産業別組合による地域相場作成の取り組み、および③ナショナルレベルの労使による労働移動を通じた失業対策の存在を挙げることができる。もちろん本章で指摘しきれていないことは数多く残されている。しかしながら、労使によって展開される自主的な労働市場における需給マッチング制度を背後に持ちつつ、企業内において組合組織である「クラブ」を結成できないような小さな職場に対して、地域支部の「交渉人」がそうした職場での交渉力維持に少なからず寄与していること、また賃金データの作成による妥当な賃金水準の公表は、この国の労使関係を考える上で見逃してはならないことだと思われる。もちろん「クラブ」の交渉力を高めていくには本章で触れることができていない組織化への取り組みなどが重要になってくる。この点の解明は今後の課題である。

　ともあれ、①産業別協約で賃金の多くを決めるのではなく、その主要なステージは企業に置いていること、そして、②より多くの事業所において労働者の発言力を確保していくために組合地域組織の充実が図られているとともに、組合が労働市場の需給マッチングに対しても関与していること。これらの点は、スウェーデンの労使関係を考える上で見逃してはならないと思われる。そして、これらの事実は、個別企業内における日々の労使交渉を核とした労使関係システムの実効性を担保するために必要な要素を考える上で、何らかの示唆を提供してくれるものだと思われる。

第3章　スウェーデン―企業内の労使交渉を重視した労使関係―

【注】

1　リーマンショック後にボルボカーズ社を政府が援助するかどうかが議論になったとき、最終的には救済しないこととなった。この点のエピソードについては、湯元＆佐藤（2010）で紹介されている。とはいえ、エスピン-アンデルセン（2001）は、1980年代には、政府による企業救済もあったことを指摘している。その意味では、基本的には救済しないものの、全く救済を実施しないというわけではない。

2　もっとも、「国家の介入が最小限」と言っても、政府が、主要な役割を担うことを期待されているものもある。例えば、失業対策として実施される積極的労働市場政策にかかわる事柄については、公的な職業訓練の実施等を通して、政府が一定以上の役割を担ってきた。その意味では、政府が積極的な役割を果たしている事柄もあると言える。賃金に比べると、失業対策については、政府も一定の役割を担うことが期待されていた。なお、職業訓練制度については駒村（1999）や日本労働研究機構（1997）が詳しい。

3　代表的なものとしては、共同決定法（雇用法）、雇用保護法、取締役会法がある。共同決定法（雇用法）では、職場の設備の変更等を行う際には、組合にその旨を通知しなければならないこと、雇用保護法では、原則として解雇は先任権に基づいて行うこと（ただし組合との交渉で合意できればこの規定を逸脱してもよい）、取締役会法では、会社のボードメンバーに従業員が参加できることを定めている。ただ、70年代の法改正の多くは、既に労使の間で慣行となっていたことを法制化したものが多かったこと、および立法過程で労使が十分に参加していたこと等の理由から、労使自治の伝統は維持されていると言える（両角2009）。

4　例えば、共同決定法では、共同決定の原則が定められている箇所に関して、そのほとんどすべてを労働協約によって逸脱してもよいことになっている。なお、こうした点が、スウェーデンにおける労働組合の力を強めることになっていると見ている論者としてAhlberg&Bruunがいる（Ahlberg&Bruun2005）。

5　これにかかわる産業別協約上の文言は、以下の通り。「1項　平和義務（Peace obligation）双方の当事者は、団体協約の有効期間中は、労働条件や双方の当事者の一般的な関係に関することで、紛争（争議）行為を行ってはならないことに、同意する」。「2項　交渉の義務　もし、法的、もしくは、労働条件や一般的な双方の当事者の関係についての利益に関する紛争が生じた場合、本協約が定めた方法と手続きに沿って、交渉が行われなければならない」。

6　なお、SAFは2001年に解体し、スウェーデン企業連盟（SN）が新たに結成されている（岡沢2009）。

7　例えば、労使関係への国家介入の排除など、先に示した労使自治に関する事柄もこの協約の中で謳われている事柄のひとつである。

8　IF-Metall提供の資料による（2016年訪問時）。

9　例えばストックホルムの地域支部はNo.15となっている。

10　なお、この点については**第4節**で改めて触れる。

189

11 労働者側のLOは、中央体制に乗り気ではなかった（Johnston1962）。

12 VFは1992年に他の経営者団体と合併し機械工業経営者連盟（VI）となり、その後、2002年にエンジニアリング産業経営者連盟（Teknikföretagen）となっている。

13 Metallは、2006年に工業組合と合併し、IF-Metallとなった。

14 ただ、その後も中央協約が締結される年もあれば、されない年もあった。それゆえ、交渉形態から見れば、83年〜91年までは混乱期と言えよう。

15 締結当時の参加者は、経営側が12団体、労働側が9団体となっていた。参加団体は、以下の通り。経営者側は、①工業及び化学産業経営者連盟、②採掘産業経営者連盟、③農林業経営者連盟、④鉄鋼及び金属産業経営者連盟、⑤機械工業経営者連盟、⑥材木産業経営者連盟、⑦建築材産業経営者連盟、⑧食品産業経営者連盟、⑨室内装飾業経営者連盟、⑩林業経営者連盟、⑪溶接機械工業経営者連盟、⑫繊維及び衣服産業経営者連盟の計12となっている。一方で労働者側は、①材木産業労働者組合、②大卒エンジニア組合、③林業組合、④食品産業組合、⑤製紙産業組合、⑥繊維及び衣服産業組合、⑦工業組合、⑧スウェーデン産業事務職・技術組合（SIF）、⑨金属産業組合の計9団体が参加している（ALMEGA1999）。なお、協調協約締結後の組織再編として本章にかかわりのあるもののみ触れておくと、スウェーデン産業事務職・技術組合（SIF）はUNIONENに、工業組合と金属産業組合は合併して機械・金属産業組合（IF-Metall）となっている。また、機械工業経営者連盟は、2002年にエンジニアリング産業経営者連盟（Teknikföretagen）となっている。

16 90年代の賃金交渉ラウンドについては、篠田編（2001）に詳しい。

17 筆者のヒアリングに基づくと、労働側においてはブルーカラーであるIF-MetallとホワイトカラーであるUnionen双方とも、肯定的な評価を下している。また、ヒアリングを実施した2つの経営者団体も肯定的な評価を下している（2013年9月、2014年11月、2014年12月、2015年12月実施調査）。

18 次のIF-Metall交渉部の発言を参照されたい。なお、この発言は、西村（2014）から引用している。「（協調協約の…筆者）重要な成果のひとつは、（2004年協約の終了期限である…筆者）2007年の4月1日までに新しい協約を締結できたことです。（中略）以前の交渉では、皆が他の産業がどのようになるのかを見ており、締結されている協約の期限が過ぎてから、交渉が行われていました。例えば、私が、IF-Metallの中央組織に赴任した1986年などは、交渉が8月に行われていました。労働協約の期限は何カ月も前に終了していました。ですから、協調協約が締結された1997年以来、協調協約は、よく機能していると思います」（西村2014; 116）。

19 ボルボやエリクソンなど主要製造企業が適用対象となるエンジニアリングセクターでは、大卒エンジニア組合（Sveriges Ingenjörer）の産業別協約にFigureless協約が導入されている。大卒エンジニア組合のヒアリングによると、協約には賃上げ率は明記されていないものの、スウェーデン産業組合で作られる賃上げの共通要求案の数値が、賃上げ率の事実上のフロアとして機能しているという。

20 組織構造については**本章 第2節 図表3-1**も併せて参照されたい。

21　ここで言う賃金とは、日本で言うところの月例給のうち本給部分にあたるところを主たる対象としている。その他の賃金、例えば、時間外労働割増賃金、シックペイ、異動手当などにかかわる規定は取り上げていない。

22　調査時点の2013年における役職であり、2015年に、交渉部長となっている。

23　部門の下には、チームがある。例えば、アッセンブリーグループの場合、4つから5つほどのチームがある。

24　プロダクションとは、製造現場のラインで作業する労働者を、メンテナンスとは、エレクトリシャンやテストドライバーなどブルーカラーでも比較的技能を要する労働者を指している。

25　これは、プロダクションワーカーに一律に与えられるボーナスである。事実上、手当のような項目となっている。メンテナンスワーカーには適用されない。

26　以下の事例は、西村（2014）にその多くをよっている。これは2009年時点の調査を基に書かれたものであるが、調査を実施した2013年時点もこれと大差はなかった。

27　グループと部門の関係については、**本節**の冒頭で確認した組合組織の図を確認されたい（**図表3-6**）。

28　以下の例は、SV社ブルーカラーの「バークスタッズクラブ」代表M氏が筆者への説明のために用いてくれた例である。

29　地域支部の職員は、大きく賃金交渉を担当するオフィサー（交渉人）と、事務方のスタッフの2つに分けることができ、スタッフは、賃金交渉を担当しているわけではない。

30　なお、2014年の調査の際に、地域を3つのエリアに集約し、各エリアに3人の「交渉人」を置く形に変更することが検討されていた。2014年時点の方法では、1人の「交渉人」が休暇等でいなくなると、当該エリアの労使関係に穴が開いてしまうことになるので、これを無くすために、エリアを集約し、1つのエリアを複数の担当者が見るような形に変えていくことを考えているそうである。

31　10人から25人といった企業が多いという。

32　出来高給を利用した交渉については西村（2014）で触れている。

33　例えばアメリカ自動車工場の組合は、能力査定を頑なに拒否している。そのため、工場労働者の賃金は、全員が一律の時間給となっている。例えば石田＆篠原編（2010）を参照されたい。

34　なお、**本章**では紙幅の関係上、ブルーカラーの比較対象としてホワイトカラーについて簡単に紹介するに留まっている。ホワイトカラーの詳細については、2017年度よりJILPTにおいて開始された調査プロジェクトである「日本、および、諸外国における賃金相場形成と企業内賃金決定に関する研究」の研究成果の中で随時紹介していく予定である。

35　**本章第2節の注19**で、大卒エンジニア組合（Sveriges Ingenjörer）のFigureless協約には具体的な賃上げ率は明記されていないものの、スウェーデン産業組合が共通要求案として出す賃上げ率が事実上のフロアとして機能していることを指摘し

た。こうしたフロアが、Unionenの小売セクターにも同様に存在しているのかについては、第3期のプロジェクト内の調査では明らかにできていない。今後の課題である。

36 SIFはその後、組合組織再編によりUnionenとなる。

37 例えば、職業グループ6の人事業務は3つの仕事別グループに分けられており、教育・訓練の企画業務はコード「620」で表現される。さらにこの業務のうち、難しさのレベルが6である仕事コードは「6206」となる（櫻井2001；118）。

38 次のようなVIの発言が櫻井2001において紹介されている。「BNTは意図せざる結果として、そこに書かれていることに従って賃金を決定しなければならない『関税制度』のようなものになってしまった。しかし、現実の仕事の複雑さはこの種の統計制度が示せるものではなく、賃金はもっと現実に即して、個人別に決定されるべきものである。経営者がより自由な賃金決定を行うためには、このような制度を使った賃金決定は望ましいものではない」（櫻井2001；118 - 119）。

39 Unionenの説明によると、IF-Metallも似たようなデータを作成しているそうである。ただし、組合員のみの限定公開となっており、その詳細については本調査プロジェクトでは確認できなかった。今後の課題である。

40 主な組織化対象は、製造業、建設業、コンピュータおよびコンサルティング業のホワイトカラー労働者であった（櫻井2001）。

41 「**第3節 3** (2) 事業所全体の平均賃上げ率に関する規定」で引用したIF-Metallの産業別協約に関する考えを参照されたい。

42 TSL提供資料による（2015年12月実施調査）。

43 IF-Metallイエテボリ支部が特に問題としていたのは、①AFにおける職員数の削減、②訓練コースの削減、③失業保険の給付額の減額である（2014年12月実施調査）。

44 TSL提供資料による（2015年12月実施調査）。

45 IF-Metallストックホルム地域支部へのヒアリングによると、該当する企業に勤めている無期雇用の非組合員であっても利用することができる。この点は、組合の社会的責任として、そのような形にしているのだという。ただし、組合員と同等のサービスを受けることはできないという（2016年11月実施調査）。

46 TSLへのヒアリングによると地場の小企業は、大手から独立したケースが多いという。また、TSLへのサービス提供を専門としている企業もあるという（2015年12月実施調査）。

47 **図表3-12**でいうところの上位4つに入っているSPである。

48 IF-Metall中央本部へのヒアリングにおいても、TSLを利用した者のうち8割は、1年半以内に次の職場に移るという回答があった（2015年12月実施調査）。この発言と**図表3-16**のデータを併せて考えると、1年〜1年半以内には、多くの者が職を見つけることに成功していると言えよう。

49 以下のデータは、TSL提供資料（2015年12月訪問時）による。

第3章　スウェーデン―企業内の労使交渉を重視した労使関係―

50　分からないが7%となっている。
51　以下の記述はTRR提供資料（2016年11月訪問時）による。

【参考文献】

日本語文献

石田光男＆篠原健一編著（2010）『GMの経験―日本への教訓』中央経済社.

稲上毅＆H.ウィッタカー（1994）「スウェーデン・モデルの崩壊」　稲上毅編著『ネオコーポラティズムの国際比較』日本労働研究機構所収.

エスピン‐アンデルセン（2001）『福祉資本主義の三つの世界―比較福祉国家の理論と動態』（岡沢憲芙・宮本太郎監訳）ミネルヴァ書房.

岡沢憲芙（2009）『スウェーデンの政治』東京大学出版会.

櫻井純理（2001）「ホワイトカラー労働者にみる賃金交渉と賃金制度」　篠田武司編著『スウェーデンの労働と産業―転換期の模索』学文社所収.

篠田武司編著（2001）『スウェーデンの労働と産業―転換期の模索』学文社.

駒村康平（1999）「マクロ経済と労働市場政策」丸尾直美＆塩野谷裕一編『先進諸国の社会保障　スウェーデン』東京大学出版会所収.

西村純（2014）『スウェーデンの賃金決定システム』ミネルヴァ書房.

―――（2017）「スウェーデンにおける労働移動を通じた雇用維持―労使による再就職支援システムを中心に」JILPT Discussion Paper 17-02.

日本労働研究機構（1997）『スウェーデンの職業教育・訓練制度』日本労働研究機構.

―――――――――・連合総合生活開発研究所（1994）『賃金要求水準及び賃金交渉方式等の国際比較研究―日米欧の賃金決定システムの課題と改革の方向性』日本労働研究機構・連合総合生活開発研究所.

宮本太郎（1999）『福祉国家という戦略　スウェーデン・モデルの政治経済学』法律文化社.

両角道代（2009）「変容する「スウェーデン・モデル」？―スウェーデンにおけるEC指令の国内法化と労働法」『日本労働研究所雑誌』No.590.

湯元健治＆佐藤吉宗（2010）『スウェーデン・パラドックス』日本経済新聞出版社.

山田久（2016）『失業なき雇用流動化―成長への新たな労働市場改革』慶應義塾大学出版会.

―――（2017）『同一労働同一賃金の衝撃―「働き方改革」のカギを握る新ルール』日本経済新聞出版社.

外国語文献

Ahlberg, K. & Bruun, N. (2005) 'Sweden: Transition through collective bargaining' In Blanpain, R. ed. *Collective Bargaining and Wages in Comparative Perspective*, Kluwer Law International.

ALMEGA (1999) *Agreement on industrial development and wage formation*, ALMEGA.

Andreas, D. & Bergström, O. (2006) 'The Job Security Councils in Sweden' IMIT – report, Institute of Management of Innovation and Technology (IMIT).

European Industrial Relations Review (1980a) 'Confrontation over central pay issue' 76 (May).

———————————————————— (1980b) 'Central wage agreement analysis'78 (July).

———————————————————— (1984) 'Wage and salary bargaining in Sweden' 125 (June).

———————————————————— (1997) 'New sectoral pay bargaining deal' 278 (April).

Hibbs, D. A. Jr. & Locking, H. (2000) 'Wage Dispersion and Efficiency: Evidence for Sweden' *Journal of Labor Economics*, Vol.18 No.4.

Johnston, T. L. (1962) *Collective Bargaining in Sweden*, George Allen and Unwin.

Kjellberg, A. (1992) 'Sweden: Can the Model Survive?' In Ferner, A. and Hyman, R. eds. *Industrial Relations in the New Europe*, Blackwell.

——————— (2013) 'Kollektivavtalens täckningsgrad samt organisationsgraden hos arbetsgivarförbund och fackförbund' Studies in Social Policy, Industrial Relations, Working Life and Mobility Research Reports 2013:1 Lund University.

Lash, S. (1985) 'The end of Neo-Corporatism?: The Breakdown of Centralized Bargaining in Sweden' *British Journal of Industrial Relations*, Vol.23 No.2.

Olsson, A. S. (1991) *The Swedish Wage Negotiation System*, Dartmouth Publishing.

SVENSK HANDEL, AKADEMIKER FORBUNDEN & UNIONEN (2013) *Collective Agreement between The Swedish Trade Federation, The Union and The Swedish University Graduate Unions 1May 2013 – 30April 2016*, SVENSK HANDEL, AKADEMIKER FORBUNDEN & UNIONEN.

Teknikarbetsgivarna & IF-Metall (2007) *Kollectiv avtal Teknikavtalet IF Metall (Collective Agreement for Wage-earners between Teknikarbetsgivarna and IF-Metall)* 2007-2010, Teknikarbetsgivarna and IF-Metall.

TSL (2016) *Historiskt lågt inflöde*, TSL.

Whyman, P. (2003) *Sweden and the "third way" : a macroeconomic evaluation*, Ashgate.

Visser, J. (1996) 'Corporatism beyond repair? Industrial relations in sweden' In Ruysseveldt. J. V. & Visser, J. eds. *Industrial Relations in Europe*, SAGE.

【インタビュー訪問箇所】

2013 年 9 月 ・SV 社ブルーカラーのクラブ

・SA 社ブルーカラーのクラブ

・IF-Metall 中央本部

・IF-Metall ストックホルム地域支部

・スウェーデンイノベーションと化学産業経営者連盟 (IKEM)

・ソルナ市庁

2014 年 11 月 ・エンジニアリング産業経営者連盟 (Teknikföretagen)

2014 年 12 月 ・IF-Metall イエテボリ支部（労使関係部門研究員細川良と
共同実施）

・LO イエテボリ支部

・SK 社ブルーカラーのクラブ（細川良と共同実施）

・IF-Metall 中央本部（細川良と共同実施）

・IF-Metall ストックホルム支部（細川良と共同実施）

・SA 社ブルーカラーのクラブ（細川良と共同実施）

・LO（細川良と共同実施）

・大卒エンジニア組合 (Sveriges Ingenjörer)（細川良と共
同実施）

2015 年 11 月 ・IF-Metall ストックホルム支部

2015 年 12 月 ・TSL

・SA 社ブルーカラーのクラブ

・スウェーデン産業組合

・Unionen（細川良と共同実施）

・IF-Metall 中央本部（細川良と共同実施）

・労働裁判所（細川良と共同実施）

・LO-TCO 労働法センター（細川良と共同実施）

2016 年 11 月 ・IF-Metall 中央本部

・SPA 社 (TSL におけるサプライヤー企業)

・TRR

・TSL

・SV 社ブルーカラーのクラブ

・SK 社ブルーカラーのクラブ

・SK 社ホワイトカラーのクラブ

・Unionen

・SPB 社（TSL におけるサプライヤー企業）

・IF-Metall ストックホルム支部

・SS 社ブルーカラーのクラブ

2017 年 6 月　・Unionen

・SK 社ホワイトカラーのクラブ

・SH 社ホワイトカラーのクラブ

【付録】 集団的労使関係シス

		日本

I	労働基本権の保障	・憲法28条
		  - 団結権
		  - 団体交渉権
		  - 団体行動権

II	集団的労使関係法制	・憲法 ・労働組合法 ・労働基準法 etc.
III	労働組合の法的要件	・憲法および労組法は、組合結成について、特段の規制を行っていない（自由設立主義）。 ※但し、労組法が定める各種の保護（労働協約制度や不当労働行為制度等）を全て受けるためには、主体・自主性・目的・団体性・民主性の要件（労組法2条および5条2項）を充たす必要がある。
IV	労働組合の組織形態と組織率	・企業別労働組合が中心。 ・労働組合の推定組織率は、17.3%（2016年度）。
V	団体（協約）交渉法制	・団体交渉権の保障（憲法28条）。 ・義務的団交事項に関する使用者の団交拒否および不誠実交渉は不当労働行為として禁止される（労組法7条2号）。
VI	団体（協約）交渉の形態	・企業・事業場レベルでの団体交渉が中心。

テムの3ヵ国比較表

（表作成：山本陽大・細川良）

ドイツ	フランス
・基本法9条3項（団結の自由） - 個別的団結の自由 - 集団的団結の自由（⇒団結体自体の存立と活動〔特に協約自治〕を保障） - 消極的団結の自由（⇒従って、ユニオン・ショップ協定は違法）	・団結権（1946年憲法前文第6項） ・争議権（1946年憲法前文第7項） ・参加権（代表者を介しての労働条件の集団的決定および企業の経営への参加〔1946年憲法前文第8項〕） ※但し、争議権および参加権は、あくまで「個人」の権利として規定。 ⇒争議の実施・参加については、「組合（員）」であることを必ずしも要しない。 ⇒団体交渉・協約締結の権限も、労働組合が独占するものではないと解されている。
・基本法 ・労働協約法 ・事業所組織法 etc.	・1946年憲法 ・労働法典収録の各種法律
・「団結体」要件の充足。 - 自由意思に基づく団体であること。 - 労働条件・経済条件の維持促進を目的とするものであること。 - 相手方当事者・国家・政党・教会から独立していること。 - 継続性を有すること。 ・（協約締結の場面では）「協約締結能力」要件の充足。 - 民主的組織であること。 - 社会的実力を具備していること。 - 協約締結意思を有すること。 - 現行の労働協約制度を承認していること。	・「代表的労働組合」の資格を得るための判断要素は以下の通り。 ①共和国的価値の尊重 ②独立性 ③財政的透明性 ④当該協約が適用される産業、職業または地域的範囲における2年以上の活動経験 ⑤当該交渉レベルにおいて実施された職場選挙の支持率 ⑥主としてその活動および経験から示される影響力 ⑦加入者数および資金力 ※実質的には、⑤の職場選挙における支持率が決定的な要素となる。 ⇒企業レベル：10％、産業レベル・全国職際レベル：8％の支持が必要。
・産業別労働組合が中心。 ※但し、2000年以降は一定の専門職労働者により結成される職種別労働組合の活動が活発化している。 ・産別組合の組織率は、約17％	・産業別労働組合が中心（組織率：7.7％）。 ※地域別、職種別組合も少数ながら存在。（以下、両者を合わせて「部門別」と表記する） →企業においては、「企業内組合支部」が設置され、活動。
・協約交渉に関する法規制は存在しない。	・明文上で、義務的な交渉事項を規定（労働法典 L.2241-1条以下（部門別交渉）、L.2242-1条以下（企業別交渉）） 例：賃金、労働時間 etc.
・産業レベルでの協約交渉が中心。 ※但し、産別組合と個別使用者との間で、企業別労働協約の締結交渉が行われることもある。	・部門レベル、企業レベルのそれぞれで交渉を実施（部門レベルの交渉→企業レベルでの交渉への影響力は、業種、組合等によって異なる。大企業はおおむね自律的）。

199

	日本
VII 労働協約の法的効力	**原則** ・労働組合員に対してのみ及ぶ（規範的効力、労組法16条）。 **例外** ・事業場単位の一般的拘束力（労組法17条） ・地域単位の一般的拘束力（労組法18条）
VIII 労働協約の実態と機能	**実態** ・企業別労働協約が中心。 **機能** ・当該企業における（特に正社員の）労働条件規整機能（就業規則の内容と連動する場合も多い）。
IX 協約適用（拘束）率	・明確な統計は見当たらない ※但し、労働協約の規範的効力は組合員に対してのみ及ぶのが原則となっていることと、企業別労働組合・協約が中心であり地域単位の一般的拘束力制度が利用されることは稀であることからすると、協約適用率は組合組織率と同程度か、これを下回っているものと推察される。
X 不当労働行為への法的対応	・不当労働行為（不利益取扱い・団交拒否・支配介入）に対する労働委員会の救済命令による行政救済（労組法7条・27条以下）。 ・裁判所による司法救済（団交を求めうる地位確認、損害賠償請求etc.）。
XI 少数組合の法的位置付け	・複数組合主義（憲法・労組法） ⇒団体交渉などの場面においては、使用者には中立保持義務が課されている（判例）。

ドイツ	フランス
原則 ・労働組合員に対してのみ及ぶ（協約拘束力〔労働協約法3条〕・規範的効力〔4条〕）。 **例外** ・一般的拘束力宣言制度（労働協約法5条） ※但し、実務上は、援用条項等によって、非組合員に対しても労働協約が定める労働条件の（間接的な）適用が行われることが多い。	**原則** ・当該協約に署名した使用者が雇用するすべての労働者に対して及ぶ（労働法典L.2254-1条） ・部門別協約については、原則として労働大臣のアレテによる拡張適用の手続が実施される（L.2261-15条以下） ⇒当該部門別協約の適用範囲に含まれる全ての使用者およびこれに雇用される労働者に対して及ぶ。 ※このほか、部門別協約の空白域を埋めるための拡大適用の手続も存在。
実態 ・産業別労働協約が中心。 ※近年、産別協約と中小規模の企業との間で企業別協約が締結される例も増えているが、その際には「承認協約」が締結されることが多い。 **機能** ・当該産業における最低労働条件（＝企業間における公正競争条件）設定機能	**実態** ・部門別労働協約が中心。 ・但し、大企業においては、部門別協約・交渉からは自律した（より有利・詳細な）協約・交渉が存在。 **機能** ・当該部門における最低労働条件（＝企業間における公正競争条件）設定機能
・協約拘束率（2016年・従業員比） 　－ 旧西ドイツ地域：59% 　－ 旧東ドイツ地域：47% ※但し、使用者が協約に拘束されていない場合でも、産別協約に準拠した形で労働条件を決定する例も多く、これを含めると、産別協約の適用率は70%程度となる（旧西ドイツ地域）。	・90%以上
・不当労働行為（およびそれに対する行政救済）制度は無い。 ・団結権侵害行為に対しては、民法上の規定に基づき対処（法律行為の無効〔民法典134条〕、差止め請求〔同1004条〕、損害賠償請求〔同823条〕etc.）。 ※なお、従業員代表機関である事業所委員会に対する活動妨害行為については、刑罰がある（事業所組織法119条etc.)。	・不当労働行為（行政救済）制度は無い。 ・団結権侵害行為に対しては、組合活動妨害罪（労働法典L.2146-1条）が存在するほか、民事上の賠償請求等が可能。 ※企業委員会等、各種従業員代表機関についても同様に妨害罪の規定あり。
・憲法（基本法）レベルでは、複数組合主義。 ・但し、労働協約法制のレベルでは、組合員数が少数で組織的基盤が脆弱な労働組合には、そもそも協約締結能力が認められない（判例）。 ・更に、1つの事業所内において複数協約（協約衝突）状態（複数の労働組合によって締結された、内容の異なる労働協約が併存する状態）が生じた場合には、少数組合の締結にかかる協約は、当該事業所における適用を排除される（労働協約法4a条が定める協約単一原則）。	・憲法レベルでは、複数組合主義。 ・但し、団体交渉への参加・労働協約の締結レベルでは、職場選挙における一定の支持率（企業レベル：10%、部門レベル：8%）を獲得することが必要。 ・企業別協定（協約）の発効条件につき、 従来： 支持率の合計が30%であれば、原則として、発効（特殊な協定のみ過半数を要求）。 2016年改正後： 支持率の合計が過半数の場合は、直ちに発効。 支持率の合計が30～50%の場合は、当該協定につき、従業員の投票（レファレンダム）にかけ、過半数の賛成が必要。

		日本
XII	従業員代表制度	・当該事業場の過半数組合、または（過半数組合がない場合には）過半数代表が労使協定の締結や意見聴取などの機能を担うが、常設的な従業員代表機関は無い。
XIII	従業員代表の役割	・労使協定の締結による法定労働条件水準からの逸脱（労基法36条 etc.）。 ・使用者からの意見聴取（労基法90条 etc.）。
XIV	就業規則の法的位置付け	**制定権者** ・使用者 **対象労働条件** ・労基法89条各号が定める労働条件を幅広く対象とする。 **法的効力** ・最低基準効（労働契約法12条） ・契約内容規律効（労契法7条）
XV	規範が競合する場合の法的処理	・労働協約＞就業規則（労基法92条1項） ・就業規則＞不利な個別合意（最低基準効〔労契法12条〕） ※なお、労働協約と有利な個別合意の優劣関係（＝有利原則の存否）については、協約締結当事者の意思による（多数説）。

202

ドイツ	フランス
・常時5名以上の労働者を雇用する事業所において、民主的選挙により、常設的従業員代表機関である事業所委員会が設置することが可能（事業所組織法）。	・従業員数50人以上の企業（事業所）においては、職場選挙によって選出された、企業委員会を設置、その他の企業については従業員代表委員を選出。
・事業所内労働条件（特に社会的事項）について、使用者と共同決定を行い、事業所協定を締結することにより規整（事業所組織法87条etc.）。 ※但し、既に協約で規整されているか、協約で規制されるのが通常である労働条件については、規整することができない（協約優位原則〔事業所組織法77条〕）。	・企業・事業所における福利厚生の管理運営、および経営等に関する情報提供・協議etc. ※原則として、団体交渉および労働協約の締結機能は有さない（企業内組合支部が存在しない場合等においては、交渉・協約締結機能あり）。
（※ドイツでは、就業規則はあくまで事業所協定の一種） **制定権者** ・事業所パートナー（事業所委員会および個別使用者） **対象労働条件** ・社会的事項を中心とする共同決定事項が対象となる例が多い。 **法的効力** ・規範的効力（事業所組織法77条）	**制定権者** ・使用者 **対象労働条件** ・安全衛生および懲戒に関する規定のみ ※賃金・労働時間等の労働条件に関する規定は不可。 **法的効力** ・主として懲戒処分の根拠および手続規定として機能。 ⇒労働条件設定機能は無い。
・企業別協約＞産別協約（近接性原則〔判例〕） ・労働協約＞事業所協定（協約優位原則〔事業所組織法77条〕） ・有利な個別合意＞労働協約（有利原則〔労働協約法4条3項〕） ・労働協約＞不利な個別合意（規範的効力〔労働協約法4条〕） ・有利な個別合意＞事業所協定（有利原則〔判例〕） ・事業所協定＞不利な個別合意（事業所組織法77条） ※但し、労働協約が「開放条項」を置いている場合には、事業所協定によって協約が定める水準を下回る労働条件も設定可能（労働協約法4条、事業所組織法77条）。	1　労働協約間の競合 **伝統的ルール**（2004年まで） ・部門別協約＞企業別協約 （「有利原則」） **2004年法以降** ・企業別協約が存在すればそちらを優先 ⇒企業別協約が存在しない場合に産業別協約を適用 ※産業別労働協約と企業別協定の関係につき、 　従来：産別協約により、企業別協約に制限をかけることが可能（閉鎖条項）。 **2016年改正後**：法律により特別な定めがあるものを除き（職種別最低賃金等）、企業別協定が優先（企業別協定の優位をより徹底）。 2　労働協約と労働契約（個別合意）の競合 ・労働協約は労働契約を外部規律（＋有利原則） ⇒有利な個別合意＞労働協約 ・協約の変更・廃止によって、労働契約の内容を変更することは原則として不可。 ※2016年法により一部の協定に基づく労働契約の変更拒否は、経済的解雇の理由となる。

	日本
XVI　国家法からの逸脱の可否	・法律が認めている場合に、過半数組合または過半数代表との労使協定の締結により、法定労働条件水準からの逸脱が可能。 ・非過半数組合との労働協約・就業規則・個別合意によって、法定労働条件水準から逸脱することは、原則として認められない（労基法13条・92条）。
XVII　最低賃金制度	種類 ・地域別最低賃金（最賃法10条） ・特定最低賃金（最賃法15条） 決定主体 ・地域別最賃：最低賃金審議会 ・特定最賃：（関係労使の申し出に基づき）厚労大臣または都道府県労働局長 金額決定要素（地域別最賃のみ） ・労働者の生計費 ・賃金 ・通常の事業の賃金支払能力

ドイツ	フランス
・法律が認めている場合に、労働協約によって、法定労働条件水準からの逸脱が可能（いわゆる「協約に開かれた法規（協約逸脱条項)」）。 ・法律が認めている場合に、それが労働協約に基づくものであることを条件に、事業所協定によって、法定労働条件水準からの逸脱が可能。 ・法律が認めている場合であって、法定労働条件水準からの逸脱を認める労働協約が直接適用されない場合に、当該協約を援用することを条件に、個別合意によって、法定労働条件水準からの逸脱が可能。	・法律が認めている場合、企業別協約によって、法定労働条件水準からの逸脱が可能（一部の労働時間規制)。
種類 ・全国一律最低賃金（最低賃金法1条） 決定主体 ・連邦政府（金額については、最低賃金委員会で決議)。 金額決定要素 ・労働者に必要な最低限の保護 ・公正・機能的な競争条件の確保 ・雇用の危殆化の防止 ※但し、実際には、（現在の最低賃金額）×（過去2年間における各産業分野の協約賃上げ率の平均）により決まる。	種類 ・全国一律最低賃金（1970年1月2日法、労働法典 L.3231-1条以下） 決定主体 ・政府 金額決定要素 ・物価水準（インフレ率） ・購買力 ・経済状況 ※一定の物価上昇率が生じた場合の自動引上げ条項あり。

執筆者略歴

濱口 桂一郎（はまぐち・けいいちろう）：序章

　労働政策研究・研修機構　研究所長　東京大学法学部卒業

　主な著作に、『新しい労働社会』（岩波新書、2009年）、『日本の雇用と労働法』（日経文庫、2011年）、『日本の雇用紛争』（労働政策研究・研修機構、2016年）、『ＥＵの労働法政策』（労働政策研究・研修機構、2017年）などがある。

山本 陽大（やまもと・ようた）：第1章　ドイツ

　労働政策研究・研修機構　研究員　同志社大学大学院法学研究科博士課程（後期課程）満期退学

　主な著作に、『ドイツにおける集団的労使関係システムの現代的展開』（労働政策研究・研修機構、2017年）、「支配介入」『講座労働法の再生第5巻・労使関係法の理論課題』所収（日本評論社、2017年）、「第四次産業革命による働き方の変化と労働法政策上の課題」（Business Labor Trend 2017年8・9月号46頁）などがある。

　労働法専攻。

細川 良（ほそかわ・りょう）：第2章　フランス

　労働政策研究・研修機構　研究員　早稲田大学大学院法学研究科博士課程単位取得満期退学

　主な著作に、『解雇ルールと紛争解決　10ヶ国の国際比較』（労働政策研究・研修機構、2017年、共著）、「フランス労働法における立法政策と人権・基本権論」日本労働法学会誌129号45頁（2017年）、「労働契約法二〇条の研究」労働法律旬報1853号（2015年、共著）などがある。

　労働法専攻。

西村 純（にしむら・いたる）：第3章　スウェーデン

　労働政策研究・研修機構　副主任研究員　同志社大学大学院社会学研究科産業関係学専攻博士課程後期課程修了（博士：産業関係学）

　主な著作に、『スウェーデンの賃金システム─賃金交渉の実態と労使関係の特徴』（ミネルヴァ書房、2014年、沖永賞）、「賃金表の変化から考える賃金が上がりにくい理由」玄田有史編著『人手不足なのになぜ賃金が上がらないのか』所収（慶応大学出版会、2017年）などがある。

JILPT 第 3 期プロジェクト研究シリーズ No. 5
現代先進諸国の労使関係システム

2017 年 12 月 22 日　第 1 刷発行

編　集　(独) 労働政策研究・研修機構
発行者　理事長　菅野和夫
発行所　(独) 労働政策研究・研修機構
　　　　〒 177-8502　東京都練馬区上石神井 4-8-23
　　　　電話　03-5903-6263
制　作　株式会社ディグ
印刷所　有限会社　太平印刷

©2017 JILPT ISBN 978-4-538-52005-6　Printed in Japan